浏河年鉴

LIUHE ALMANAC

2021

浏河年鉴编纂委员会 编

古吴轩出版社

图书在版编目（CIP）数据

浏河年鉴. 2021 / 浏河年鉴编纂委员会编. -- 苏州：古吴轩出版社，2022.4
ISBN 978-7-5546-1940-7

Ⅰ. ①浏… Ⅱ. ①浏… Ⅲ. ①乡镇—太仓—2021—年鉴 Ⅳ. ①Z525.35

中国版本图书馆 CIP 数据核字（2022）第 066687 号

责任编辑： 李爱华
见习编辑： 祝文秀
装帧设计： 长　岛
责任校对： 周　娇

书　　名： 浏河年鉴 2021
编　　者： 浏河年鉴编纂委员会
出版发行： 古吴轩出版社
地址：苏州市八达街 118 号苏州新闻大厦 30F
电话：0512-65233679　　　　邮编：215123
印　　刷： 苏州市越洋印刷有限公司
开　　本： 787 × 1092　1/16
印　　张： 19
字　　数： 405 千字
版　　次： 2022 年 4 月第 1 版　第 1 次印刷
书　　号： ISBN 978-7-5546-1940-7
定　　价： 98.00 元

浏河年鉴编纂委员会

名誉主任：徐洪明　李　峰
主　　任：郭亚萍
副 主 任：朱学锋　黄　莉
委　　员：楼浩平　邵立新　杨志刚　王　莉　居远志
马　震　李　伟　孙　波　李　益　戴寅盈
陈文贤

《浏河年鉴 2021》编辑部

主　　编：郭亚萍
副 主 编：朱学锋　黄　莉
学术指导：顾鸿飞　邢友来
执行编辑：印　莺　顾明芳
编　　辑：金　磊　林岑晔　顾伟杰　钱凯佳　仲　娟
张佳丽　陆君俊
照片提供：《浏河年鉴 2021》撰稿单位及浏河镇摄影协会

《浏河年鉴 2021》审定单位

中共浏河镇委员会　浏河镇人民政府　太仓市史志办公室

编辑说明

一、《浏河年鉴 2021》是由中共浏河镇委员会、浏河镇人民政府主办，浏河年鉴编纂委员会编写的浏河镇综合年鉴。全书以马克思列宁主义、毛泽东思想、邓小平理论、“三个代表”重要思想、科学发展观、习近平新时代中国特色社会主义思想为指导，坚持辩证唯物主义和历史唯物主义的立场、观点和方法，客观、全面地记述浏河镇 2020 年经济、政治、文化、社会和生态文明等方面情况。

二、《浏河年鉴 2021》记述时间原则上为 2020 年 1 月 1 日至 2020 年 12 月 31 日，部分内容适当上溯或下延。

三、《浏河年鉴 2021》采用分类编辑法，主体内容分为类目、分目、条目 3 个层次。全书设特别报道、大事记、浏河概貌、浏河镇党委、浏河镇人大、浏河镇政府、政协工委、纪检监察、群众团体、军事法治、开放型经济、经济发展、全域旅游、综合经济管理、镇村建设、公用事业、教育科技、文化体育、卫生健康、社会民生、村·社区、荣誉、附录、索引等类目 24 个，共有分目 134 个，条目 544 个，图表 13 张，随文图片 111 幅。

四、《浏河年鉴 2021》卷首图片专题中，“年度便览”收录“浏河镇 2020 年主要经济社会指标”；“视觉浏河”收录“浏河风貌”“重大活动”“重要会议”“最美浏河人”等内容。卷首图片专题共选用图片 43 幅。

五、《浏河年鉴 2021》中“荣誉”类目，一般收录获太仓市级及以上表彰的先进集体和先进个人。

六、《浏河年鉴 2021》资料、数据均由各单位撰稿人提供，并经各单位领导审核确认。撰稿人姓名署于其负责的条目之后，若一人多稿连续出现，则在最后一个条目下署名。同类数据若有出入，则以统计资料为准。部分表格数据因四舍五入原因，导致分项数与合计数不一致，不再一一说明。

《浏河年鉴 2021》编辑部

2021 年 12 月

浏河镇2020年主要经济社会指标

项　目	单　位	数　值	项　目	单　位	数　值
地区生产总值	亿元	95.00	电话普及率	—	100%
财政收入	亿元	18.44	科技人员	人	1583
农业总产值	亿元	3.20	中小学校	所	4
粮食总产值	万吨	1.48	在校学生总数	人	6128
农机总动力	万千瓦	0.88	出栏生猪	万头	0.03
工业企业	家	1145	出栏家禽	万羽	0.57
工业销售收入	亿元	120.06	在职教师	人	351
工业利税	亿元	8.61	开通有线电视率	—	100%
注册外资及港澳台资	万美元	9535	医院	个	2
实际利用外资及港澳台资	万美元	3627	卫生室	个	15
镇村主干道	千米	262.00	农民人均可支配收入	万元	3.69

新城（陶宗佳摄）

七十二家村（谢富春摄）

霞光下的大厦（马云摄）

晨曦中的浏河新城（陈文贤摄）

朝霞沐浴下的浏河渔港（赵波摄）

幸福家园（叶思朗摄）

新城（虞福良摄）

古镇浏河新宅区（徐网林摄）

滨江大桥（陈文贤摄）

三步两桥（徐兵摄）

高铁新时代（桂烈勇摄）

水运枢纽（陈勇摄）

渔船到港（严国英摄）

车间掠影（严国英摄）

希望的田野（程东明摄）

智能制造（王金德摄）

古镇夜色（吕培基摄）

历史长廊（缪丽琴摄）

古镇夜色（顾轶英摄）

2020 年 5 月 5 日，在浏河镇邵滨孙纪念馆内举办“娄城奏凯歌　国琴敬英雄”琴近浏河公益演出（浏河镇供稿）

2020 年 6 月 28 日，浏河镇举办“红帆远航铭初心　火红年代攀新高”纪念中国共产党成立 99 周年暨“作风效能提升年”推进会（浏河镇供稿）

2020 年 7 月 1 日，沪苏通高铁太仓站启用仪式举行（陈文贤摄）

2020 年 7 月 31 日，打造“夜太美 · 为‘浏’而来”夜间经济品牌（陈文贤摄）

2020 年 8 月 21 日，浏河镇举办创建全国文明城市主题活动暨 2019 年度精神文明建设表彰大会（浏河镇供稿）

2020 年 11 月 6 日，苏陕协作引领周至产业兴旺示范店揭牌（浏河镇供稿）

2020 年 11 月 13 日，浏河镇招商引资推介会暨项目集中签约仪式举行（浏河镇供稿）

2020 年 9 月，太浏快速路建成通车（陈文贤摄）

2020 年 12 月 2 日，浏河镇明德二中、明德二小建设项目正式开工（浏河镇供稿）

2020 年 1 月 9 日，中国共产党浏河镇第十四届党员代表大会第五次会议召开（浏河镇供稿）

2020 年 1 月 16 日，浏河镇第十八届人民代表大会第七次会议召开（浏河镇供稿）

2020 年 1 月 21 日，2019—2020 年度浏河镇党员冬训动员会召开（浏河镇供稿）

2020 年 3 月 9 日，2020 年浏河镇作风效能建设动员大会召开（浏河镇供稿）

2020 年 7 月 27—28 日，浏河镇第十八届人民代表大会第八次会议召开（浏河镇供稿）

沈建同

退休后化身老师，赴贵州支教七年
（助人为乐）

沈建同，男，1948年出生，中共党员，复兴社区居民。他退休后到贵州贞丰县者相镇冬妹小学支教七年。刚到冬妹小学，为了教好学生，没有教学经验的沈建同把课本翻了好几遍，认真备课，并通过听其他老师上课的方式学习如何教学，这种“边教边学”的状态一直持续了六年。支教第一年，他带领的班级就在全县统考中获得年级第一名。作为老师，他去各个学生家家访，其中有两个学生家距离学校有十五千米，他翻过三座山，花了两个半小时左右才到达学生家中。这七年中，除了寒暑假回太仓，平时沈建同都待在冬妹小学，无论是学生还是村民，都很喜欢“沈老师”。如今因为冬妹小学关闭和身体的原因，沈建同回到了太仓，但他非常想念那边的孩子，并计划养好身体后继续回到贵州的学校支教。

周仲华

退伍不褪色，社区“活雷锋”
（助人为乐）

周仲华，男，1949 年出生，中共党员，闸北社区居民。周仲华是一名退伍军人，他始终秉持党员初心，发扬雷锋精神，为民做好事、做实事。他有着一副巧手，并且踏实肯干，平日里利用自己的木材料义务给左邻右舍做木活，给大家磨刀具；常常为老党员们义务理发，对生病卧床的老同志提供上门服务；给邻里修理自行车、电瓶车等，随叫随到，不仅贴工时，还贴材料；经常帮助有困难的残疾人，为他们修理卫生间、疏通下水道等；他还利用自己的特长给好几户人家浇筑车棚，解决了车棚进水问题。

周仲华常说：“多学点东西总不会错，技多不压身。”他的事迹深得社区居民一致好评，邻居称赞他：“什么都懂什么都会，还踏实肯干，真是社区的‘活雷锋’！”

钱锦标

凛冽寒风中，七旬翁跳水救起落水幼童
（见义勇为）

钱锦标，男，1947年出生，浏南村村民。2020年12月20日下午1时30分左右，钱锦标正在自家院子里和邻居拉家常，突然听到外面有人在呼救，“救人啊！救人啊！有小囡掉进河里啦……”。话音还没落，钱锦标一个箭步就冲了出去，一看是西隔壁邻居家三岁的孩子掉进了河里。那天气温零下2度，他不惧寒冷，直接跳进河水里，将孩子救上了岸。其实钱锦标虽然会游泳，但已经二十多年没下过河了。面对刚清淤的又深又刺骨的河水，他丝毫没有犹豫，鞋子、衣服没脱，手机也没取下，就这么跳了下去。钱锦标说：“情况紧急不容多想，如果再晚一点孩子可能就难救了。”钱锦标一直强调自己只是做了应该做的，但周围邻居都觉得他很了不起，他的善举就像暖阳，在寒冷冬日也让人倍感暖心！

陈　兴

公交司机拾金不昧，4 万元现金完璧归赵
（诚实守信）

陈兴，男，1967 年出生，东仓村村民，太仓市公共交通有限公司公交驾驶员。2020 年 5 月 10 日 10 时左右，由于赶时间换乘太嘉线，从双凤到上海办事的储女士将装有 4 万元现金的背包落在陈兴驾驶的 105 路公交车上。陈兴驾车返回交运中心前打扫车厢卫生的时候，发现了这个背包，他打开一看，“是一沓沓人民币”，他的第一反应是“丢钱的人肯定很着急”，他马上向车队领导汇报此事……当储女士取回失而复得、分文未少的钱物时，她激动地握着陈兴的手，感激之情溢于言表。然而，陈兴却说，自己只是做了一个“标准动作”，遇到这种情况，每一位公交司机都会这样做的！陈兴这种拾金不昧、诚实守信的行为看似偶然，实则必然。他光芒的背后，是一颗赤诚、无私的心。

位洪明

抗疫路上，他用生命捍卫使命
（敬业奉献）

位洪明，男，1985年7月出生，中共党员，生前为苏州太仓市公安局浏河派出所三级警长。位洪明同志连续奋战在新冠肺炎疫情防控一线20余天，2020年2月20日，这位微信名叫作“SUNNY”、像太阳一样温暖着周围人的警长，在研究汇报涉疫案情时突发疾病，经抢救无效不幸牺牲，年仅35岁。他的笔记本上写的是“守土有责，守土担责，我是党员，我先上”，短短十五个字，是一名党员誓死坚守的初心。位洪明用短暂的生命书写了绚烂的篇章，用平凡的坚守标注了崇高的精神。位洪明同志因在岗位上的突出表现，先后被授予“全国公安系统二级英模”“江苏省新冠肺炎疫情防控工作先进个人”“苏州市新冠肺炎疫情防控工作先进个人”“苏州市优秀共产党员”“苏州市十大杰出青年”“苏州市杰出政法干警”等称号，并被授予苏州市五一劳动奖章。

林多多

创业创新，愿为环保事业出份力
（敬业奉献）

林多多，女，1992年出生，现任苏州伯德环境发展有限公司董事长、党支部书记。曾获评太仓市优秀共产党员、姑苏创新创业领军人才、太仓科技领军人才等。她在美国取得硕士学位后留美攻读博士，后因关心国内垃圾分类技术发展而暂停博士学业，回国创业，创建苏州伯德环境发展有限公司。她带领团队调研市场，走访基层，收集意见，以“垃圾分类21天养成法”为设计理念研发了“智能垃圾箱”。该垃圾箱通过引导居民形成使用习惯，并利用人工智能图像识别技术，对居民投放的垃圾进行识别和监督，实现24小时无人化管理，有效解决垃圾分类投放时间短、投放监管难等痛点问题。她带领的伯德环境研发团队已获得22个软件著作权、5个专利授权，同时23个专利已获受理。

她是助力环境提升的开拓者，也是团结青年党员的排头兵。林多多说：“作为一名入党10年的党员、企业负责人，希望能把党员和青年职工都团结在党组织的周围，大家一起为祖国的环境提升出份力。”

钱映晨

大爱无疆的白衣守护者
（敬业奉献）

钱映晨，女，1993年出生，太仓中医院神经外科护士。2020年对于这个可爱的姑娘来说本是美好的一年，因为她即将和未婚夫步入婚姻的殿堂。但突如其来的新冠肺炎疫情，打乱了所有节奏。当钱映晨了解到医院即将派出医护人员支援武汉时，她第一时间向组织申请赶赴防疫第一线。但是，医院领导综合考虑后，没有通过她的申请，可她没有放弃。当得知第二批开始报名后，她再一次主动请缨，医院领导被她的这种医者仁心的精神所感动，批准了她的申请。回想起支援武汉抗击疫情的经历，钱映晨说："这次经历让我刻骨铭心，与时间赛跑、与病魔较量，为使命而担当、心怀大爱传递温暖。高强度、超负荷的工作既锻炼了体力，也增强了魄力。这是我职业生涯中的重要经历，也将在今后不断激励我奋进。"

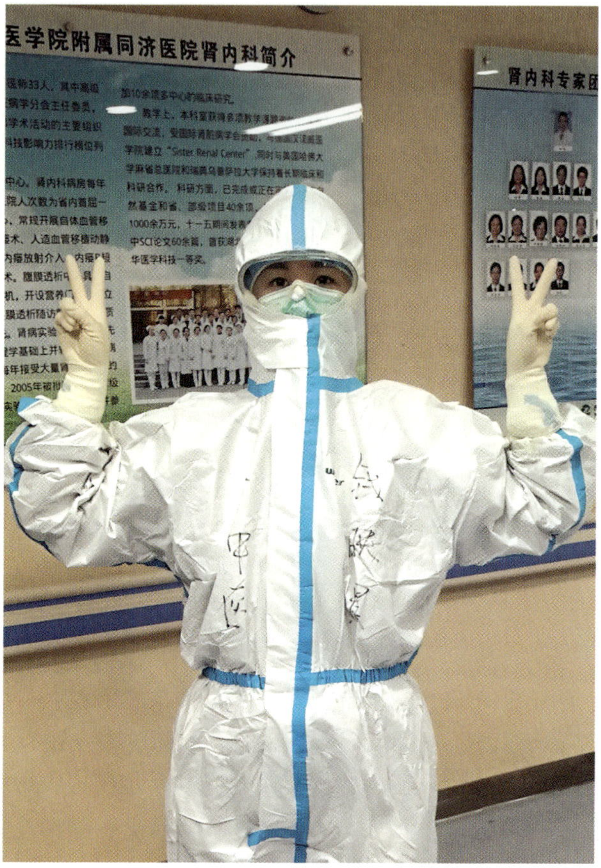

马　骁

带伤请战抗疫一线，基层民警诠释使命担当
（敬业奉献）

马骁，男，1988年出生，中共党员，苏州太仓市公安局交通警察大队浏河中队副中队长。2020年新冠肺炎疫情来袭，因公负伤仍在养病的马骁手写请战书，毅然决定加入抗疫大军中。在请战书中，马骁说此时的他“应该是和战友们一起站在防控一线保护人民群众的安康”。疫情防控期间，马骁和他的同事们在自己的岗位上一丝不苟地坚守着，他除了处理浏河全镇每天发生的交通事故和案件调查之外，还和同事们为疫情防护默默做着贡献：查码测温，卡口执勤，对进太车辆进行检查登记和劝返，守好太仓和浏河的大门，守护群众的生命财产安全。

唐耀忠

老吾老以及人之老
（孝老爱亲）

唐耀忠，男，1949 年出生，中共党员，复兴社区居民。有句古话说得好，“百善孝为先”，唐耀忠就是这样一个爱老、敬老的好榜样。他的母亲唐阿婆在世时疾病缠身，大小便失禁，他和妻子多年如一日，无微不至、尽心竭力照顾母亲。唐耀忠不仅孝顺自己的母亲，还积极参与党员互助服务，对社区内有困难的老人都细心、耐心和有爱心。平时，他常给社区的老党员打电话，送关怀。他关心帮助 80 多岁的朱大伯，把他当成自己的亲人，还在其生病住院时，看望陪伴，悉心照顾。唐耀忠真情无私的付出得到居民们的一致好评，他也用善良和孝心为长辈和父母的晚年撑起了一片爱的天空。他经常说：“‘老吾老以及人之老’，在赡养、孝敬自己的长辈时不应忘记其他与自己没有亲缘关系的老人。”

王月英

十年如一日，孝老爱亲不言苦
（孝老爱亲）

王月英，女，1948年出生，新塘村村民。她是一个平凡的农村妇女，没有什么轰轰烈烈的事迹，却用自己的行动诠释了孝敬老人的意义。王月英的婆婆十年前不幸中风，导致半身瘫痪，生活不能自理，从此，照顾婆婆的重担落在了王月英的肩上。在婆婆中风卧床期间，王月英每天护理婆婆的日常生活，日复一日，没有一句怨言。十年如一日，除了每天悉心照料好婆婆的生活外，平时做农活回来即使再累也要帮老人按摩，舒筋活血。赡养老人说起来容易，可是要想真正做到、做好、长期坚持很难。尤其是孝敬体弱多病的老人，可不是一件容易的事。俗话说："久病床前无孝子。"可是王月英却能十年如一日，在平时生活中，不仅要做到衣食起居样样周到，有时还需要夜晚陪护照顾。她尊老爱老的举动赢得了村民的敬重，她也成了我们的榜样。

浏河古镇地图

北入口
临时停车区
游客服务中心
乡下厨子
远航的中医馆
遇见客栈
遇见客栈
麦子熟了商店
遇见客栈
娄江会馆
留何创意皮具
明德弄
邢少兰艺术馆
临时停车区
理发店
西入口
吴健雄故居
明德楼
利学商店
浏河历史长廊
春光杂货店
河西街
老街土菜馆
明德桥
萍萍杂货店
河
中
永安桥
明心轩手工坊
朱家厅
范公井
心
傅焕光手植松

娄东米酒文化馆
王家弄
西
茹经桥
颜土艺术DIY
休闲体验馆
胡氏武医伤科
和兴馆
北
街
木行弄
许洋烟杂店
街
归心云舍客栈
中津桥
超群商店
新东街
天妃宫
六国码头
青瓷文化馆
老浏河
民俗风味馆
锡伯书吧
朱氏老宅
浏河老照片陈列馆
傅家洋房
卓盛堂
范公亭
滨河街
水带桥
邵滨孙纪念馆
（老银行旧址）
滨河街
老浮桥

要 目

目　录

contents

浏河镇党委

浏河镇人大

浏河镇政府

政协工委

纪检监察

群众团体

军事法治

开放型经济

经济发展

全域旅游

综合经济管理

镇村建设

公用事业

教育科技

文化体育

卫生健康

社会民生

村·社区

荣　誉

附　录

索　引

特别报道

地毯式排查　控制疫情蔓延

浏河镇紧急排查辖区外来流动人员

“你好！我们是新塘村工作人员。这是我的工作证。请你配合我们的工作。请出示一下你的身份证。”浏河镇新塘村，工作人员卢鑫敲开了外来流动人口的家门。2020年2月3日，太仓市浏河镇疫情防控指挥部启动地毯式排查，坚决控制疫情蔓延。

随着企业复工、复产日期临近，外来务工人员陆续回太仓，为筑牢防控新型冠状病毒的防疫战线，根据太仓市新型冠状病毒感染的肺炎疫情防控指挥部的工作部署，按照《关于新型冠状病毒疫情防控摸排登记工作方案》文件要求，浏河镇启动了地毯式排查。

排查工作中，该镇党政班子成员积极组织协调村（社区）干部、社区民警、网格员和党员志愿者齐上阵，坚持“以房管人”工作思维，实行责任到人、措施到位，确保不漏一户、不漏一人，对全镇区域内所有住户信息进行详细登记，掌握一手真实资料，织密筑牢抗疫防线。

“最近有没有离开过太仓？”“从哪里回来？”每敲开一家门，工作人员都仔细询问，并一一做好记录。针对重点人员，工作人员还与房东、邻居进行核实。截至2月4日下午5点，浏河镇共排查7502户。

（摘自《苏州日报》2020年2月5日A06版，记者：顾志敏）

解决跨省上班族“刚需”

浏河镇核发169张“嘉太两地通勤证”

2020年2月19日中午，太仓浏河镇综合行政执法局办证大厅一片忙碌。前来办理嘉太两地企业跨省工作通勤证的人员络绎不绝。截至2月19日，该局办证大厅累计核发工作通勤证169张。

浏河镇地处上海、太仓两地交界处，有约12公里的省界线，当地超四分之一规上企业的高管居住在上海嘉定，每日往返嘉浏两地是“刚需”。疫情防控期间，为了解决他们“有班上不了”“有家回不去”的窘境，该镇综合行政执法局成立通勤证办理组，并于2月17日16：30通过“浏河发布”微信平台对外公布。

据悉，在具体落实中，太嘉两地卡口疫情查验点对双方核发的通勤证采取互认机制，并在双方交界处的华亭卡口分别开放绿色通道，在确认人（车）、证信息一致且体温正常情况下予以快速放行，提高省际道口管控及通行效率。

（摘自《苏州日报》2020年2月20日A04版，记者：顾志敏）

浏河镇规上企业全面复工

截至2020年2月20日中午，太仓市浏河镇共有238家企业复工，其中，规模以上企业全面复工复产。

疫情发生后，浏河镇疫情防控指挥部企业防控组对辖区769家企业进行全面走访，摸排企业人员信息。目前，全镇企业复工共涉及8632名员工，其中外地人员5320人。该镇企业防控组安排专人与申请复工的企业建立联系，及时收集企业诉求，了解企业需求和面临的困难，并建立台账，登记在册，逐项销号落实。

为帮助企业尽快复工，浏河镇推出“线上+线下”“白+黑”工作模式：线上启用“复工登记平台”，在线指导企业办理开复工手续，精简办事流程，缩短办事时限；成立线上审核小组和线下核查小组，进行网上申报和线下核查；小组成员每天加班加点，工作时间在12小时以上。

同时，浏河镇重点打造了三樱包装（江苏）有限公司、苏州贯龙电磁线有限公司、苏州巨能发电配套设备有限公司等一批复工标杆企业，组织企业参观学习，帮助他们尽快掌握复工标准和流程。“针对节后返程员工，公司辟出专门通道让住在单位的返程员工进入公司生活区，并将生活区分隔为安全区域和观察区域，餐厅、住宿等全部隔离。”三樱包装（江苏）有限公司相关负责人介绍。

浏河镇负责人介绍，太仓支持中小企业共渡难关“十二条”政策出台后，浏河镇积极落实企业租金减免，涉及企业8家，拟减免租金100余万元。

（摘自《苏州日报》2020年2月21日A03版，记者：顾志敏；通讯员：丁左娇）

当好“服务员” 助力早复工

浏河防疫网格小组帮企业织牢“安全网”

连日来，浏河镇靠前服务，精准施策，全镇区域内各类企业陆续恢复生产。截至2月27日，浏河镇共有597家企业复工，复工率达91.42%。

企业有序复工复产，离不开该镇组建的一支幕后队伍。在该镇疫情防控指挥部统一部署下，镇综合行政执法局下设的安监环保巡查中队迅速启动网格化疫情防控工作，并抽调22名不同部门的机关青年干部，由企业防控组统一管理。为有序有效地推进工作，企业防控组按照“1+2”模式（即1名安监环保网格员、2名机关青年骨干），组建11个防疫网格小组，对辖区内企业进行实地走访核查信息，为企业复工织牢“安全防疫网”。

为提高排查效率，11个防疫网格小组不分昼夜地分组分片对辖区内员工宿舍（共计1906间）进行逐一排查。一间间敲门，一个个询问，一条条登记……绝不遗漏一个外地返太人员信息及集体宿舍人员动态情况。

工作中，防疫网格小组成员主动服务企业，耐心指导企业填写网上复工申请，并对通过审核的企业进行上门现场复审，逐一排查防疫物资真实情况，提出建议，指导防疫工作。督促企业加强安全生产管理，建立、健全疫情期间安全生产责任制和安全生产规章制度，对已复工人员的身体状况进行实时跟踪。切实打通复工复产“最后一公里”，帮助企业顺利渡过难关。

（摘自《苏州日报》2020年2月28日A09版，记者：顾志敏）

太仓浏河：追波逐浪，当好枢纽门户城市桥头堡

被誉为“江尾海头第一镇”的太仓市浏河镇，历来是锦绣江南的出海要津，是航海家郑和率船队七次下西洋的起锚地。今天的浏河，凭借独特的地理区位和综合实力，围绕太仓市“两地两城”发展定位，充分发挥先导区、先遣队和先行军的作用，努力在融入以上海为龙头的一体化发展中迈出更大步伐，为太仓市提升城市能级和核心竞争力做出更大贡献。

“浏河作为全市重要板块之一，是省级旅游度假区、经济发达镇行政管理体制改革试点镇，同时又是沪苏通铁路太仓站、‘1222’重大项目中的恒大文旅项目所在地，浏河既有沿江临沪的固有区位优势，又有高铁与重大项目交汇叠加带来的新增优势，发展前景十分广阔，同时承担的责任使命也很重。”太仓市委书记沈觅在调研浏河镇时说。

下好招引“先手棋”
崛起临江智能产业新高地

初冬时节，浏河镇智能制造产业园一片繁忙景象。作为产业园新拓展区域内的主干道，苏张泾路及苏张泾支路不久前通车，附近不少已落户企业正在加快建设中，园内已投产项目进展得如火如荼。

智能制造产业园是浏河镇先进制造业集聚的新高地。“产业园内，目前项目总投资达45亿元，亩均投资强度560万元，项目全部达产后预计年产值可达50亿元，综合税收近2.2亿元。”浏河镇党委书记徐洪明介绍，该智能制造产业园落户企业27家，以智能科技、高端装备制造、医疗器械、汽车零部件产业为主。目前10家企业已竣工投产，13家企业已开工建设，4家企业即将开工。

作为落户浏河镇的典型企业之一，苏州好博医疗器械有限公司专注于康复医疗，在全国康复细分行业中名列前茅，公司将扩建的康复医疗器械设备项目放在了浏河镇智能制造产业园。“基于现有技术优势和产业化基础，新厂房内将建设研发中心、洁净厂房、恒温仓储、智能车间及现代化科技展厅等，整合国内外优质医疗技术资源，打造国内一流的康复医疗设备

研发基地。”好博医疗器械董事会副总经理李文勇说。

以高端装备制造、智能科技产业为主导，坚持高起点、高标准、高质量择商选资，努力提升产业层级，这是浏河镇对智能制造产业园的定位。今年以来，浏河镇在统筹推进疫情防控的同时，加快重大项目引进、扩大投资，一组招引大数据“跃然纸上”——

以铃兰医疗用品为代表的11个新落户项目全面开工，总投资超30亿元；

以好博医疗器械为代表的6个项目实现竣工，达产后将实现产值超10亿元，税收超6000万元；

以米汉钠数控机床为代表的8个项目开业投产，预计产值22亿元，税收超1亿元；

在2020太仓金秋经贸月开幕式上，浏河镇现场签约3个项目，总投资超20亿元。

这一亮眼的成绩单背后，是浏河镇下好“先手棋”、打好“主动仗”的气魄与实力。浏河镇是太仓融入上海的“桥头堡”，围绕“1115”产业发展目标，浏河镇紧盯高端装备制造、新材料、医疗器械等领域，围绕“建链、补链、强链、延链”精准招商，坚持“招大引强、招特引优”，着力引进和推进一批经济支撑力强、转型升级推动力大的大项目、好项目。瞄准新技术、新产业、新业态、新模式，大力引进科技含量高、市场潜力大、核心竞争力强的优质民营科技企业和世界500强企业、知名上市公司，带动产业转型升级。

据统计，1—10月，浏河镇完成工业投资15.21亿元，完成全年目标任务的108.23%；注册外资9512万美元，完成全年目标任务的105.69%；到账外资3412万美元，完成全年目标任务的106.63%。今年以来，浏河镇工业投资，注册外资，高新、新兴产业占比等指标增幅均位居全市前列。乐歌智能电子商贸物流等6个项目签约落户，恒大文旅城、华兑汽配等10个市级以上重点项目进展顺利。这些项目为浏河镇经济增长、推动高质量发展提供了有力支撑。

强村富民优环境
家门口就是“诗和远方”

“创办物流公司后，每年可增加村级可支配收入2300万元。2010年，东仓村村级收入超过3000万元，在村级经济可支配收入方面一下子攀升至苏州市第一名。”浏河镇东仓村党委书记徐默涵说，几十年来，东仓村始终紧跟经济发展步伐，依托烟屑厂先后组建了物流、货运、伺服电机、投资等多家公司，保持着村办企业良好的发展势头。

东仓村村委会紧挨着346国道，一脚油门，不到5分钟就到上海。正是这一得天独厚的优势，让东仓村早早地享受到了上海的“溢出”效应。1983年，通过一个老工人牵线，东仓村结识上海卷烟厂，即现在的上海烟草（集团）公司，创办了太仓市浏河东仓烟屑筛洗厂，承接从上海卷烟厂发出来的加工业务。

随着烟屑厂业务量不断扩大，东仓村争取到建设上海烟草（集团）公司占地80亩、建筑面积3.8万平方米的烟叶原料储存养护项目，成立太仓市东仓物流有限公司。渐渐地，不少村民实现了家门口上班的愿望，小小烟丝铺展出村民的幸福之路。

正如东仓村人人传唱的《和美东仓谣》一样："同步致富道，相看多欢笑。和美东仓好，人人齐称道。"从一家烟屑厂起家，浏河镇东仓村持之以恒办好集体企业，完善产业结构，壮大集体经济实力：2019年村级总资产达3.68亿元，村级可支配收入3257万元，农民人均收入3.9万元，连续多年保持"太仓经济第一村"称号。

围绕实施乡村振兴战略总目标和高质量发展要求，近年来，浏河镇以"强村、富民、优环境"为工作重点，凝心聚力、攻坚克难，农业农村工作保持稳中有进发展态势。

其中，推进农村人居环境整治行动是浏河镇改善生态面貌、提升城乡人居环境的举措之一。浏河镇积极推进"263"专项行动、"散乱污"专项整治等，关停取缔"散乱污"企业百余家，并稳步实施长江大保护"2982"行动，开展补绿植绿工作。

"2020年是农村人居环境整治三年行动收官之年，作为浏河镇农村人居环境整治的一项重要内容，浏河镇启动农房违法建设专项整治行动，全年计划整治违建农房10万平方米，目前该工作正根据片区实施计划有序推进。"浏河镇相关负责人介绍，按照拆旧、拆违攻坚克难工作目标，今年浏河镇还着力消除农村"散乱污"企业（作坊）和违章建筑，并把拆旧拆违点位纳入浏河镇联动指挥中心系统，实施网格化长效管理。

去年10月17日，浏河镇机关各办局、村（社区）及面向全镇范围招募的志愿者200余人来到浏南村七十二家村，开启长江大保护优化河流沿岸生态环境志愿服务活动，共同呵护长江沿线环境，用自身实际行动维护美丽长江。

"每到周末，这边的游客就特别多，江浙沪都有，上海那边来的最多了。"浏南村七十二家村村民陈保林指着家对面的防护林——芦苇湿地说，经过这几年的改造，江边风景越来越好，特别是可以下堤的地方，天好的时候挤满了人。

江边环境治理好了，附近的村庄成了旅游打卡点。如今，陈保林守着开在家里的"施玉妹小店"，看着江边来来往往的车辆，觉得今后的生活更有奔头了："越来越多的游客到这边游玩，我们大有可为。"

城市功能提档蜕变
百姓幸福感节节攀升

每天吃过晚饭，住在浏河镇复兴东街的王建江都要走出家门，来到复兴街兜兜走走，兴致高的话，还会在中心南街、迎福路等镇区主要道路上来回走上几圈。这三条道路是最新改造过的，以前破旧的道路变得干净、整洁，到了晚上更是灯火辉煌、人声鼎沸，让王建江和周边群众幸福感满满。

中心南街、复兴街、迎福路这三条道路弱电入地工程是浏河镇区主要道路改造工程内容之一。"在路面重新铺设时，还对路面进行了拓宽，特别是复兴街，从原先的10米宽拓至15米，中心南街和迎福路也均拓宽了1.5米左右。"浏河镇建设局相关负责人介绍，之前电杆飞线入户、停车位不足、道路路面破损严重等诸多问题给老街居民生活造成了安全隐患。为保障周边居民安全，浏河镇从去年3月起实施总投资1400万元的道路改造工程，拓宽道路的同时，埋设雨水、污水、燃气、强电、弱电等管线，并添加人行道。同时，在复兴街设置156个停车位，在浏河公园内北侧设置停车场，缓解道路交通拥堵及停车难问题。

道路工程改造，使得附近居民生活环境极大提升。此外，浏河镇还将老街改造作为民生实事工程，全面启动镇区老小区改造工程。去年6月，位于浏河镇区的迎福新村和闸北新村已经完成了改造。改造工程改善了这两个老小区交通拥堵情况，增强了小区排水能力，并保证了居民用电用气安全，居民的生活品质得到进一步提高。

在经济社会各项事业快速发展的同时，近年来，浏河镇党委、政府高度重视文化建设，满足居民不断增长的精神文化需求，在古镇老街上相继建成开放了邢少兰艺术馆、娄江会馆、邵滨孙纪念馆，群众文化活动蓬勃开展。

一到周四下午，浏河镇邻里生活馆内都会传来悠悠丝竹声，在二胡、三弦、琵琶、扬琴，以及竹笛、箫、笙和鼓、板等乐器的伴奏下，“乐吟吟”丝竹乐队带来的沪剧《海滩诀别》让村民听得如痴如醉。

“现场伴奏相比磁带伴奏效果会好很多，这么多年来我们一直坚持现场伴奏，让农村老百姓能欣赏到更好的演出。”黄彩萍今年63岁，退休后参加了闸北村的“乐吟吟”丝竹乐队，开始学唱沪剧，现在经常跟随乐队外出演出。“学唱戏曲后收获很多，感觉生活特别充实，在家做家务时都会跟着音乐哼几句，真是圆了几十年的文艺梦。”

2010年至今，闸北村共拆迁1880户，拆迁率达88.7%，集中居住率90.2%，是浏河镇集中居住率最高的村。“生活条件变好后，老百姓的文艺细胞也被激活了，希望村里能为他们搭建更多的活动平台。”闸北村党委书记陈怡介绍说，这些年来，闸北村发挥党员先锋引领作用，将文化融入群众生活，“种”入群众心田，打造村民精神家园。

据陈怡介绍，闸北村已陆续组建了“乐吟吟”丝竹乐队、“乐淘淘”舞蹈队、“乐悠悠”太极队等6支文体团队，这些文体团队不断壮大，特别是群众基础较强的“乐淘淘”舞蹈队和“乐悠悠”太极队，每个团队都有近百人。“这些文体团队结合春节、国庆、中秋等重要节日编排文艺节目，定期开展文体活动，在这些文体团队的影响下，越来越多的村民也积极加入文体活动中。”

作为浏河镇网络文化节的内容之一，“寄出浏河小康之美”大型线上征集活动自九月份启动以来，受到广大网友欢迎和积极参与。第258位网友“寄”出的照片，正是在华灯初上、夜色渐浓浏河古镇上，一家人在老街古巷拍的照片，温馨和睦。在这个文化氤氲的美丽小镇，人们用不同方式表达着对家乡浏河的赞美与热爱，奋力书写自己的幸福小康。

（摘自《新华日报》2020年11月27日34版，撰稿：朱学锋、丁左娇、顾婷）

太仓市浏河镇东仓村：从一根烟丝里奋斗出来的产业强村

太仓市浏河镇东仓村位于浏河镇镇区西侧，30多年来，从一家烟屑厂起家，不断积极探索，持之以恒办好集体企业，完善产业结构，推动产业兴旺，壮大集体经济实力。2019年，东仓村村级总资产达3.68亿元，村级可支配收入3257万元，农民人均收入3.9万元。

艰苦创业，持续壮大集体企业

1983年，东仓村创办了太仓市浏河东仓烟屑筛洗厂。几位烟屑厂老员工回忆起当年的情形仍记忆犹新："说是一个工厂，其实是个小作坊，因为我们需要用铁锹一锹一锹将下脚料烟丝铲进筛子里，并靠人工筛选出好'宝贝'。"而就是这样一个小小的烟屑厂，依靠一把把铁锹、一缕缕烟丝，打下集体经济发展的基础。

30多年来，东仓村不断提升烟屑厂的生产运营管理水平，积极应对市场形势的变化，不断引进新的生产线，实现健康稳定发展，同时，紧紧抓牢上海烟草集团带来的发展机遇。2009年东仓村争取到建设上海烟草（集团）公司占地80亩、建筑面积3.8万平方米的烟叶原料储存养护项目，成立了太仓市东仓物流有限公司，并与上海烟草集团签署了长期合作协议，为上海烟草（集团）公司烟叶储运提供配套服务，仅此一项每年可增加村级可支配收入2300万元。

东仓村始终紧跟经济发展步伐，依托烟屑厂基础，先后组建了物流、货运、伺服电机、投资等多家公司，保持着村办企业良好的发展势头。

发挥优势，滚动发展第三产业

浏河是郑和七下西洋的起锚地，素有"江尾海头第一镇"的美誉，镇区入口的船杆镇标突显着它悠久的历史文化。而在镇标西侧的长江口假日酒店，一到旅游旺季，前来住宿吃饭的游人如织。

酒店所在的东仓大厦及辅楼，是东仓村抓住浏河镇建设长江口旅游度假区的契机，创新发展思路，投资6000万元建设的。2013年9月建成，总建筑面积14000平方米，与承租方签订了长期租赁协议，每年租金300多万元。

同时，东仓村凭借村属企业的经济基础，充分发挥靠近市镇和交通便利的优势，投资1700万元建设8000平方米建设商住楼及门面房工程，投资2500万元新建15000平方米的标准厂房，不断增加村级经济收入。

整合资源，不断发展现代农业

东仓村农业委培生胡嘉霖是土生土长的东仓村小伙，2016年，作为首批农业委培生，他毕业后选择回到自己的家乡——东仓村，作为新型职业农民活跃在农业生产的第一线。除了忙碌在田间地头，他还负责运营东仓村“长江口农旅”微信商城。

“‘长江口农旅’微信商城是我们东仓村发展农+旅的多元化绿色生态经济的重要组成部分。”胡嘉霖介绍，“2018年2月，‘长江口农旅’商城正式对外开业销售，商城展示了浏河范围内优质的农产品，带动上海的消费力驻足浏河市场，2018年‘长江口农旅’平台营业额就达到20万元。”

2017年以来，东仓村将近1000亩土地流转至村，并进行统一的规划设计，将着力打造集循环农业、创意农业、农事体验于一体的“田园综合体”，先后投入近百万元，筹建了“长江口农旅”网上商城、开心农场、高标准农田，开发生态采摘、农家乐等，不断发展现代农业经济。同时，东仓村加快农场专业合作社发展，充分利用土地流转到集体经营的优势，大力培育职业农民从事农场劳作，增加土地经营性收入，提高农民土地增产收入。

乡村振兴，共同奔向幸福生活

“同步致富道，相看多欢笑。和美东仓好，人人齐称道。”这是东仓村沪剧兴趣班阿姨们经常表演的沪剧曲目《和美东仓谣》中的唱词。在产业兴旺的基础上，东仓村大力推进乡村振兴战略，让村民共享发展成果，带领全村百姓共同奔向幸福生活。

近年来，东仓村共投入4000余万元进行各类拆违整治、村庄建设等项目，全力打造生态宜居的人居环境。深入挖掘群众身边的典型，每年开展“最美”系列评选活动，推行“和美东仓”乡风文明积分，依托农副产品展销中心，每年提供价值近百万元生活物资供村民进行乡风文明积分兑换，全力推进乡风文明建设。投入50余万元建设村综合文化服务中心各类功能室，开设沪剧教学班、夏日瑜伽班、太极拳等兴趣班，每年举办“和美东仓农民文化艺术节”，不断丰富村民业余文化生活。

同时，积极搭建富民增收平台载体，成立新东仓富民合作社，全村155户农户投资入股，10年来已累计向入股农户发放股金红利1510万元。成立劳务合作社，提供就业岗位，吸纳本村劳动力30余人，人均月收入达到2000元。重视关怀慰问困难群体，对60岁以上老人发放尊老金，对因病、因残的困难家庭进行补助。

“村民和善，民风醇美；家庭和谐，庭院秀美；村庄和谐，环境优美；经济和谐，党风清美”这是东仓村提出的“和美东仓”愿景。东仓村，这一从一家烟屑厂起家的产业强村，在决胜“小康”的征程上永不止步。

（摘自《新华日报》2020年10月16日31版，撰稿：顾欣）

大事记

1月 9日 中国共产党浏河镇第十四届党员代表大会第五次会议召开。大会回顾总结2019年工作，研究部署2020年任务，镇党委书记徐洪明做《抢抓机遇扬优势，聚力担当勇争先，全力打造沿江临沪高质量发展“桥头堡”》工作报告。

13日 浏河镇召开2019年度履行全面从严治党主体责任述职会。

16日 浏河镇第十八届人民代表大会第七次会议召开。大会应到代表73人，实到代表71人。大会听取、审议并通过镇长张义所做的政府工作报告和镇人大副主席陈文贤所做的《浏河镇人民代表大会主席团工作报告》，审查通过《关于浏河镇2019年预算执行情况和2020年预算的决议》。会议期间，收到人大代表各类书面意见建议26件。票决产生2020年浏河镇民生实事项目8个。

19日 浏河镇召开安全生产专题工作会议。

21日 浏河镇召开2019—2020年度党员冬训动员会。

2月 3日 浏河镇疫情防控指挥部启动地毯式排查，坚决控制疫情蔓延。截至4日下午5点，浏河镇共排查7502户。

17日 浏河镇通过“浏河发布”微信公众号对外公布嘉太两地企业跨省工作通勤证办理指南，截至19日，浏河镇综合执法局办证大厅累计核发工作通勤证169张。

20日 截至中午，浏河镇有238家企业复工，其中，规模以上企业全面复工复产。

27日 浏河镇有597家企业复工，复工率91.42%。

3月 9日 浏河镇召开2020年作风效能建设动员大会。

16日 浏河镇企业复工复产率97%，其中规上企业复工率100%。

17日 苏州市第三安全生产督导组到浏河镇督导，重点督查浏河镇安全生产“三个责任”落实、危化品安全综合治理、重点行业领域专项整治行动等有关情况。

31日 共青团浏河镇第十七次代表大会召开。会议审议通过共青团浏河镇第十六届委员会工作报告，选举产生共青团浏河镇第十七届委员会和出席共青团太仓市第二十一次代表大会代表。

4月 15日 浏河镇召开安全生产工作会议。

21日 在太仓市浏河镇新时代文明实践所，“火红年代一起学”——“学习强国”苏州学习平台线下系列活动正式启动。

26日 陕西省周至县楼观镇镇长石磊一行到浏河镇对接苏陕扶贫协作工作，就在浏河镇开设特色农产品示范店等事宜深入交流。浏河镇党委书记徐洪明，镇党委副书记、镇长张义陪同考察。

28 日　浏河镇召开 2020 年党的建设工作会议，回顾总结 2019 年政法、宣传思想文化、统战、组织、纪检工作，研究部署 2020 年党的建设各项任务。

---

5 月

12 日　浏河镇召开率先基本实现农业农村现代化动员部署会暨 2020 年农业农村工作会议。

25 日　浏河镇召开电梯无纸化维保暨高层住宅小区电梯和消防安全联保机制推进会。太仓市第一份“高层住宅电梯及消防安全联保责任书”在浏河镇政府签订。

---

6 月

9 日　浏河镇举办 2020 年“安全生产月”活动启动仪式。

11 日　浏河镇开展“千人共学两会精神”主题党日，入党积极分子、党组织书记后备干部等 100 余人参与现场学习，6000 余名党员、群众参与直播学习。

28 日　浏河镇举办“红帆远航铭初心　火红年代攀新高”纪念中国共产党成立 99 周年暨“作风效能提升年”推进会，表彰在新冠肺炎疫情防控工作中表现突出的优秀共产党员和先进基层党组织，成立“红帆领航团”，启动“初心在闪耀”百名党员为党庆生项目，发布“我心向党”主题专栏等，100 余人参加现场活动，30000 余名党员、群众观看线上直播。

30 日　太仓市委副书记、市长汪香元到浏河镇东仓村、智能制造产业园、渔港路实地调研，了解三优三保、项目建设、区域拆迁等工作开展情况并开展座谈。

---

7 月

4 日　2020 年（第十二届）苏州国际精英创业周浏河专场——浏河镇光电智能制造项目投资交流会上，浏河镇与中日青年促进会华东分会签订引才投资落户协议。

10 日　浏河镇召开农村人居环境整治工作推进会，回顾总结上半年拆旧、拆违、人居环境整治等工作，分析当前形势，并研究部署下半年工作。

△　浏河镇召开文明城市创建工作推进会。

14 日　浏河镇召开违法违规“小化工”百日专项整治行动推进会。

20 日　苏州市“百名局长百场宣讲”太仓首场在浏河开讲。

27—28 日　浏河镇第十八届人民代表大会第八次会议召开。大会应到代表 74 人，实到代表 70 人。大会听取、审议并通过镇长张义所做的《2020 年上半年全镇经济和社会发展情况报告》和镇人大副主席陈文贤所做的《关于浏河镇第十八届人大七次会议代表建议、意见办理情况的报告》，审查和批准《浏河镇 2019 年财政决算（草案）的报告》。

31 日　浏河镇发布夜经济系列活动，从 8 月 1 日起，浏河以“夜太美·为‘浏’而来”为主题，从文化、旅游、餐饮、娱乐、体育五个方面组织活动，打造具有浏河特色的夜间经济品牌，推动浏河夜间经济发展。活动期间，同步推出“你消费，我买单”消费促进活动，通过“浏河发布”微信公众号发放3200张消费抵用券，总金额10万元。

8月 8日 浏河镇举办庆祝全国第十二个“全民健身日”健身展示活动，100多名体育爱好者参与。

12日 浏河镇举办《习近平谈治国理政》第三卷主要精神进基层暨“娄城飞燕”理论宣讲活动。

24日 浏河镇召开进一步深化全国文明城市创建工作推进会，动员全镇上下坚定必胜决心，凝聚工作合力，与时间赛跑，向问题宣战，为太仓市夺取全国文明城市创建最终胜利贡献浏河力量。

9月 23日 第六届“江南画风”中国书画摄影名家邀请展在浏河镇文化艺术中心开幕。浏河镇被授予“长三角书画名镇”称号。本次活动展出美术作品39件、书法作品35件、摄影作品68件，展期一个月。参展艺术家向浏河镇捐赠书画作品20件。

10月 1日 “江风海韵　浏光溢彩”2020浏河江海时光旅行节开幕。

△ 浏河镇利用“浏河发布”微信公众号，推出“歌唱祖国”栏目，每日一首爱国歌曲。

22日 浏河镇召开党委全面依法治镇委员会全体（扩大）会议暨法治政府建设工作推进会。

27日 浏河镇慈善会成立。镇商会、东仓烟屑筛洗厂等7家单位向浏河镇慈善会捐赠慈善金100万元。

11月 2日 浏河镇召开全镇村（社区）“两委”换届工作部署会及业务培训会。

6日 楼观·浏河共建苏陕协作引领周至产业兴旺示范店揭牌仪式在浏河古镇举行。

13日 浏河镇招商引资推介会暨项目集中签约仪式在浏河智能制造产业园举办。现场签约平台项目1个、产学研项目1个、人才项目5个、产业项目15个，总投资超50亿元。

21日 2020国家重点研发计划项目启动会暨中医康复技术与设备研讨会在苏州好博医疗器械有限公司医疗产业化基地举行。浏河镇党委书记徐洪明出席活动并致辞。

12 月 11 日 学习贯彻党的十九届五中全会精神苏州市委宣讲团报告会在浏河举行。苏州市委宣讲团成员、苏州市委政法委副书记朱耀明做《深入学习贯彻党的十九届五中全会精神》宣讲报告。

24 日 太仓市河小青共建幸福河志愿服务行动启动仪式在浏河镇浏南村七十二家村举行。

浏河概貌

自然地理

【地理位置】 浏河镇（长江口旅游度假区）位于太仓市东南部。地处北纬31° 20'~31° 45'、东经120° 58'~121° 20'。东临长江，西连太仓主城区，南沿上海，北靠太仓港，距上海市中心39千米、虹桥国际机场35千米、浦东国际机场70千米、苏州市区70千米，苏昆太高速、沿江高速、沪太一级公路、346国道、339省道、浏翔公路直通境内。

【地形地貌】 浏河镇境内地貌属濒海新冲积平原。全境地势平坦，以湰漕河为界，东部沿江地势高，地面高程（吴淞零点）2.4~2.8米，为濒海高地；西部略低，地面高程（吴淞零点）2.0~2.4米；中部为娄江古河道，地面高程（吴淞零点）1.6~2.4米。娄江古河道自西向东有许家滩、华家滩、马家滩、陈家滩等。全镇总面积68.11平方千米，陆地面积39.53平方千米，其中镇区面积为2.7平方千米。以长江主航道中心线为界，有沿江水域11.66平方千米。境内为长江三角洲冲积平原，毛细沟浜纵横交错，是著名的江南水乡。

【土壤】 浏河镇土壤母质为长江老冲积沙，耕作层以沙壤为主。1981年，经土壤普查，境内土壤可分为3个土类，4个土属，8个土种。其中以水稻土为主，占全境土壤的94%，潮土、堆叠土、菜园土较少。镇域内土地资源丰富、土地肥沃，适宜种植水稻、小麦、油菜等粮油作物，棉花、白蒜、果蔬等经济作物。

【气候】 浏河镇中心区域处于北纬31°28'、东经121° 14'，海拔1.4~2.6米。毗邻海洋，属亚热带湿润季风区，气候温和湿润，四季分明，日照充足。年平均降水量1150毫米，年平均气温16.7℃，无霜期平均265天。夏至日正午太阳高度角为82° 5'，冬至日正午太阳高度角为35° 11'。7月平均气温25.8℃，1月平均气温5.2℃，自然条件优越。个别年份会受台风、寒潮等灾害性天气侵袭。2020年浏河镇平均气温17.5℃，极端最高气温37.4℃，极端最低气温 -7.1℃，年降水量1498.7毫米，雨日145天，一日最大降水量146.6毫米，暴雨7天，极大风速21.5米 / 秒，大风6天（8级及以上）。

【水系】 浏河镇区水系属滨江水系。区域内水系纵横，水域面积约8.14平方千米，占区域总面积的11.95%。镇区内河道分布均匀，共有流域、区域、市级、镇级、村级河道803条，全长419.11千米。其中，流域河道1条6.10千米，区域河道1条6.82千米，市级河道4条21.24千米，镇级河道25条64.39千米，村级河道772条320.56千米。境域“五里一纵浦，七里一横塘”，沟浜等犬牙交错、密如蛛网，并以浏河为主干河构成一个完整的水系。

（欧阳玥琰）

建置区划

【建置沿革】 浏河镇境域在周、秦时期还是长江口南岸东海近陆浅海海底。由于江海潮流的冲刷、泥沙的淤积和地壳运动的顶托，逐渐成为高出海面的沙岛、近陆滩涂。约在东汉至三国时期，境域逐步形成长江口濒海新冲积平原。

秦代，境域属会稽郡疁县海域。汉属娄县沿海，王莽时称娄治。三国时，属吴郡娄县。南朝梁天监六年（507），属扬州信义郡信义县；大同二年（536），属扬州吴郡娄县。隋开皇九年（589），属苏州常熟县；大业三年（607），属吴郡昆山县。南宋嘉定十年（1217），属淮南东路平江府，境内娄江（浏河）以北属昆山县惠安乡，娄江以南属嘉定县乐智乡。明弘治十年（1497），境内统一属太仓州东乡。清雍正二年（1724），属镇洋县南乡。宣统二年（1910），境内分属镇洋县刘河乡、刘新乡、何桥乡。民国时，属江苏省太仓县浏河区。1950年10月，置苏南区苏州专署太仓县浏河区。1957年7月，分为浏河镇和浏河乡。1958年，镇、乡合并为浏河人民公社。1963年，又拆分为浏河乡和浏河镇。1985年8月，乡、镇再次合并为太仓县浏河镇。1993年3月，太仓撤县建市后，浏河镇隶属江苏省太仓市（县级）。

新塘于明代形成集镇，明崇祯年间（1628—1644）为太仓州十三市之一。清代，市镇规模有所扩展。至中华人民共和国成立前，新塘成为太仓境内主要集镇之一。中华人民共和国成立后，新塘曾分属浏河、陆渡、茜泾和岳王。1966年，新塘成立人民公社。1983年8月，改称新塘乡。1993年4月，改称新塘镇。

在太仓市行政区划大调整的时候，2000年7月，新塘撤镇，并入浏河镇，成为浏河镇的一个管理区。两镇合并后称浏河镇，镇政府驻地在浏河镇，仍隶属太仓市。两镇合并后，浏河镇辖8个村、10个居委会。2004—2005年，居委会调整为社区，调整后有5个社区。随着农村城市化进程的发展，2007年，浏河镇西北部成立紫薇苑社区；2015年，东部沿江一带成立东方社区；2020年7月，东部沿江一带成立海塘社区。

【行政区划】 2020年7月，太仓市政府同意调整闸北村行政区域及服务范围，增设海塘社居民委员会。浏河镇下辖8个村、8个社区，分别为浏南村、东仓村、何桥村、新闸村、闸北村、万安村、张桥村、新塘村、河北社区、复兴社区、闸北社区、渔村社区、新塘社区、紫薇苑社区、东方社区、海塘社区，另辖新塘管理区。

（顾健）

传统文化

【妈祖祭祀礼仪】 妈祖祭祀礼仪有10个单元，其中诵读祝文为活动重点内容。2009年4月18日上午，为庆祝妈祖诞生1049周年，在浏河天妃宫举办妈祖祭祀活动。焚化祝文后，在宫内广场举行文艺演出。2010年4月18日上午，为庆祝妈祖诞生1050周年，天妃宫举办妈祖开光庆典暨祭祀活动，举行妈祖走街大型活动。妈祖祭祀于2011年被纳入苏州市级非物质文化遗产名录，2016年被纳入江苏省级非物质文化遗产名录。

【摇大橹】 民间舞蹈摇大橹流传于太仓浏河一带渔民之中，过去一般在庙会上演出。该舞流传地区都在水乡，参与者多为渔民、船工。它产生于渔民和船工水上作业的单调生活中，给他们带来娱乐。20世纪30年代初，浏河民间艺人杨仲民等人在苏、浙交界处的杨港泾从事运输，看到该地庙会上演出摇大橹，深感有趣，便学了带回家乡。它有男（扯绷）、女（把橹）各一人表演的形式，也有三四人或六人表演的形式。各种角色穿着不同服装，道具有破蒲扇和大橹。娱乐性和滑稽性是摇大橹的两大舞蹈特点。各个角色之间互相逗趣、配合默契，演员表情丰富，在行进中逢店必唱，唱词随着店铺行业变化而改变，演员即兴发挥，唱词幽默诙谐。摇大橹再现了渔民和船工劳动场景，具有历史认识价值和艺术审美价值，在民间舞蹈中，风格比较独特。2009年被纳入苏州市级非物质文化遗产名录。

【渔民号子】 渔民号子是渔民劳动号子。千百年来，浏河濒江临海，拥有众多以海上渔业捕捞为生的渔民。在科技水平极其落后的旧时代，渔业生产过程中，为了协调动作，统一指挥，遂产生渔民号子。渔民号子简单易唱、朗朗上口，富有地域特色。根据工作需要不同，渔民号子分为“推关号子”“打水号子”“吊舢板号子”“扯篷号子”“吊油篓号子”等。“推关号子”是起锚时用的号子，测量水深的号子叫“打水号子”。渔民号子具有艺术性、娱乐性、协调性和合作性，同时，具有历史价值、文化价值和现实价值。渔民号子的演示，可以再现旧时渔民们海上劳动的场景，以利后人了解非机械时代的渔民生活，了解渔民号子从社会劳动实践中逐步成熟为音乐艺术样式的历史。2009年被纳入苏州市级非物质文化遗产名录。

（顾晓丹）

人口方言

【人口】 2020年，浏河镇户籍人口17301户51740人，其中男性24791人、女性26949人，60岁以上17259人。全镇流动人口52678人，其中男性31335人、女性21343人。居住半年以下人口12391人，居住半年至五年人口33091人，居住五年以上人口7196人。

（朱海平、高明胜）

【方言】 浏河方言属吴语苏沪嘉次方言区方言，以太仓方言为主，“出声重而舌不圆”。因地处上海、太仓之间，镇区以南乡民的方言带有上海嘉定、宝山二区方言的音味；镇区和浏河以北乡民的方言近似太仓方言。

（《浏河镇志》）

民族宗教

【民族】 2020年，浏河镇人口以汉族为主，涉及少数民族22个。全镇少数民族户籍人口293人，涉及蒙古族（35人）、回族（51人）、藏族（2人）、苗族（26人）、彝族（8人）、壮族（25人）、布依族（5人）、朝鲜族（11人）、满族（49人）、侗族（17人）、瑶族（5人）、土家族（38人）、哈尼族（1人）、傣族（3人）、黎族（1人）、畲族（5人）、纳西族（2人）、土族（1人）、达斡尔族（2人）、仫佬族（2人）、布朗族（1人）、锡伯族（3人）等。

【宗教】 2020年，浏河镇境域有道教、基督教等宗教教徒，无实体组织。经太仓市民族宗教事务局登记的道教活动场所有2处，分别为天妃宫、杨墓庙；基督教寺观教堂1处，为浏河基督教堂。天妃宫于2011年1月获批为宗教活动场所，杨墓庙于1997年1月获批，浏河基督教堂于1985年12月获批。

（丁左娇）

风俗物产

【春节】 过春节是最热闹、最隆重的习俗之一。农历正月初一俗称“大年初一”，是一家人团聚的日子。大年初一清早开门要放鞭炮，称为“开门见喜”，大人小孩穿新衣，向长辈拜年，同辈相互恭贺新禧，说声“新年好”。初二开始，亲戚朋友互相往来拜年。初五接财神，商店开始营业。春节前，镇机关、单位、团体等开展“拥军优属”活动，领导带领有关人员给烈军属、离退休干部、困难户拜年并发放慰问品。节日期间，慰问坚守生产岗位的职工，有些部门还组织各种棋类、球类比赛和文艺活动，丰富节日文娱生活。

【元宵节】 元宵节（农历正月十五）俗称“正月半”。是日，镇上家家户户吃元宵、馄饨，小孩子牵兔子灯，晚上合家团聚赏月。镇有关部门会举办文艺晚会及打连厢、舞龙、荡湖船、打腰鼓等闹元宵活动，欢度元宵节。

【清明节】 清明节是一年中群众踏青扫墓，备祭品上坟祭拜祖宗、亡人之日。是日，新丧人家设烛台、置酒菜、点香火，叩头行礼，祭奠亡灵，俗称“过新清明”。一般人家在清明前后择日“过清明”，全家老少上祖坟祭扫，焚烧锡箔、纸钱，除草、培土、插上一束花，以示缅怀。镇政府会组织群众团体、学生等去烈士陵园向烈士献花圈、致敬意，缅怀革命先烈。

【端午节】 端午节（农历五月初五）表示夏季即将来临。是日，镇上家家门上挂菖蒲、艾草、蒜头等，做酒酿饼，吃咸鸭蛋，用芦苇叶包粽子。镇上会举办龙舟比赛，纪念春秋时期楚国诗人屈原。

【中秋节】 中秋节（农历八月十五）俗称“团圆节”。是日，晚辈向长辈送月饼、水果。镇上家家户户吃馄饨。晚上全家围坐在一起，边吃月饼、水果，边赏月。镇建设局文体站会组织文艺演出，欢度中秋。

【三鲜美食】 浏河地处江海之交，素有“江尾海头第一镇”的美誉，独特的地理位置使浏河成为江、海、河三鲜美食汇集的地方，有国家一级渔港和华东地区最大的水产品交易市场。随着长江流域重点水域全面禁捕政策的落实，虽然品尝不到野生江鲜的美味，但是境内养殖的河豚、鮰鱼等同样肉质细嫩腴肥、营养丰富。每年3月，中国·太仓旅游文化美食节在浏河举办，四方宾朋如约而至。美食节使四方游客品尝浏河美食，领略浏河地方文化。以美食节为契机，浏河成功融入上海“1小时经济圈”，越来越多的上海人到浏河休闲度假、娱乐用餐。宜居的生态环境让各地的宾客流连忘返。

（丁左娇）

名胜景点

【浏河古镇】 浏河古镇历史久远、人文荟萃，被誉为“江尾海头第一镇”，名列全国重点镇，是一个集航海文化、郑和文化和渔文化等特色于一体的江南古港老镇。古镇以漕漕河为轴线，由北向南依次有6座桥梁连接两岸，临街留有明清时期的江南民居和木结构楼宇近80幢，保存着河街相依的传统街区模式。景区内邢少兰艺术馆、娄江会馆、邵滨孙纪念馆、老照片陈列馆等文化艺术场所免费对外开放。

【天妃宫】 位于长江口旅游度假区（浏河镇）新东街90号，是中国航海保护神妈祖的行宫，又称“天妃灵慈宫”，俗称“娘娘庙”。始建于北宋宣和五年（1123），由旅居娄江口的闽粤海商所建，原址在浏河北岸五杨池，元至正二年（1342）移建于现址。天妃宫历经元、明、清、民国诸代多次扩建修缮。主修者有郑和、林则徐等历史名人。郑和七下西洋时，曾多次到此朝拜，祈求天妃保佑。现天妃宫恢复为道教活动场所，主建筑为后殿楼，上有元代木雕和楠木梁柱等古构件，建筑结构严谨规整、繁简适度，建筑古色古香。2013年被列为全国重点文物保护单位。

【吴健雄故居】 位于太仓市明德初级中学校园西南角，由吴健雄墓园和紫薇阁两部分组成。紫薇阁是一座坐北朝南的两层小楼，整座建筑由一个接待室和三个展览室组成，分别展览吴健雄之父吴仲裔大幅照片和半身像，丹青大师朱屺瞻与宋文治墨宝，吴健雄生活和从事物理研究的图文资料。该楼为苏州市德育基地、太仓市爱国主义教育基地，2016年被审定为江苏省华侨文化交流基地。紫薇阁前方为吴健雄与她的丈夫袁家骝合葬墓，由东南大学建筑设计院设计，世界建筑设计大师贝聿铭审定，包含墓园、瞻仰台、环形照壁三部分。墓园呈圆形，由黑色花岗岩铺设而成，顶部斜面镌刻着中英文墓志铭各一块。墓志铭前两个石球象征吴健雄验证杨振宁、李政道宇称不守恒定律的实验原理模型。

【朱屺瞻纪念馆】 位于浏河公园内，原是中国著名丹青大师朱屺瞻年轻时习画的画室梅花草堂。草堂建成后，著名国画大师齐白石、潘天寿、黄宾虹曾在此聚会，共议丹青。齐白石为梅花草堂题写匾额并治印，梅花草堂一度成为丹青大师们雅集之所。草堂始建于抗日战争时期，1991年浏河镇政府在画室原址重建梅花草堂，占地面积3600平方米。2010年重新装修，总投资300万元。2011年5月23日，作为朱屺瞻纪念馆正式对外开放。从原来一进一院草堂扩大为三进二院，沿中轴线一路三进，面阔五间，分为展厅、画室、会客厅、展览室。展览室陈列朱屺瞻书画作品、作画工具、生活用品等，两旁通柜陈列其印章、画册和书画信件等。

【望江亭】 位于长江大堤浏河口南端。江

堤由上、中、下三层构成，底部是块石层，其上两层为石砌江堤。古望江亭是古浏家港最佳观景平台，也是浏河先民当年支援和迎送郑和远航的场所之一。古望江亭被战火或风暴潮摧毁，后地方政府数次修葺重筑。望江亭展示了千年古镇浏河的深厚历史文化底蕴。望江亭不远处立有“郑和下西洋入海处”石碑，每逢农历初二、初三和十七、十八，大潮汛形成，望江亭又成为观潮最佳平台。现为太仓市级文物保护单位。

【阅兵台】 位于长江浏河段南江堤内侧，由兵台、炮台、厅堂、碑刻四部分组成，是太仓境内珍贵的古代军事建筑设施。阅兵台为宋代名将韩世忠于建炎年间（1127—1130）所建。该处真实记载了明代当地军民抗倭的历史。后阅兵台在战火中屡经损毁。为弘扬爱国主义精神，1959年太仓县政府在原址重建阅兵台，2013年浏河镇人民政府对阅兵台进行修缮和保护。现为太仓市级文物保护单位。

（楼玉岚）

浏河镇党委

重要会议

【中国共产党浏河镇第十四届党员代表大会第五次会议】 2020年1月9日下午，中国共产党浏河镇第十四届党员代表大会第五次会议召开。大会回顾总结2019年工作，研究部署2020年任务，团结带领全镇上下抢抓机遇扬优势，聚力担当勇争先，全力打造沿江临沪高质量发展“桥头堡”。镇党委书记徐洪明代表中共浏河镇委员会做《抢抓机遇扬优势，聚力担当勇争先，全力打造沿江临沪高质量发展“桥头堡”》工作报告。

【党员冬训动员会】 2020年1月21日下午，浏河镇召开2019—2020年度党员冬训动员会。大会从“提高站位，深刻认识开展冬训工作的重要意义”“守正创新，积极推动冬训工作再上新台阶”“压实责任，确保冬训各项任务落到实处”三个方面提出明确要求，确保党员冬训工作落实落细落地。镇党委书记徐洪明做动员讲话。

【作风效能建设工作会议】 2020年3月9日，浏河镇召开2020年全镇作风效能建设动员大会，动员全镇党员干部统一思想、提高认识，围绕镇十四届五次党代会确定的工作目标，进一步转变工作作风，优化发展环境，提振干事创业的精气神，切实把作风效能建设成效转化为凝心聚力、激发干劲、敢于担当的自觉行动，转化为再创一个激情燃烧、干事创业火红年代的强大正能量，更好地推动高质量建设“全域旅游的滨江田园城镇”。镇党委书记徐洪明要求全镇党员干部认清形势、提高站位，以坚强有力的作风效能担起改革发展重任；把握要求、突出重点，全力以赴推动作风效能建设实现全面提升；强化组织、统筹协调，确保作风效能建设各项工作顺利推进。

【党的建设工作会议】 2020年4月28日，浏河镇召开全镇党的建设工作会议，回顾总结2019年政法、宣传思想文化、统战、组织、纪检工作，研究部署2020年党的建设各项任务。镇党委书记徐洪明指出，2019年全镇党组织认真贯彻新时代党的建设总要求，紧扣镇党委中心工作，创新工作举措，狠抓责任落实，党的建设各项工作取得新进展。提出要突出政治建设，凝聚思想合力，始终把牢正确发展方向；明确目标要求，狠抓关键环节，扎实做好各项重点任务；紧扣发展大局，真抓实干之风，推动党的建设全面过硬。镇党委副书记邵立新，镇党委宣传（统战）委员朱学锋，镇党委组织委员黄莉，镇党委委员、纪委书记王莉部署政法、宣传思想文化、统战、组织、纪检工作。

【率先基本实现农业农村现代化动员部署会暨2020年农业农村工作会议】 2020年5月12日，浏河镇召开率先基本实现农业农村现代化动员部署会暨2020年农业农村工作会议，专题研究乡村振兴和农村人居环境建设工作，努力推动浏河镇农业农村高质量发展。镇党委书记徐洪明提出，要提高政治站位，准确把握“三农”工作新形势新要求；聚焦关键重点，奋力推动“三农”工作新突破新进展；巩固放大优势，不断开创“三农”工作新局面新征程；坚持党建引领，切实凝聚“三农”工作新活力新力量。会前，进行实地考察。

【纪念中国共产党成立99周年暨“作风效能提升年”推进会】 2020年6月28日，浏河镇举行纪念中国共产党成立99周年暨“作风效能提升年”推进会议，回顾党的光辉历程，弘扬党的优良传统，表彰先进典型，激励和动员全镇党组织和广大党员干部在火红年代干事创业、再攀新高。镇党委书记徐洪明做讲话，号召全镇各党组织和党员干部筑牢信仰堡垒，争做对党忠诚的先锋模范；筑牢实干堡垒，争做敢于担当的先锋模范；筑牢基层堡垒，争做清正廉洁的先锋模范。

【党委全面依法治镇委员会全体（扩大）会议暨法治政府建设工作推进会】 2020年10月22日，浏河镇召开党委全面依法治镇委员会全体（扩大）会议暨法治政府建设工作推进会，镇党委书记徐洪明就做好依法行政尤其是法治政府建设工作，提出要提高政治站位，把握全面依法治国，推进全面依法治镇认识深化；要坚持党建引领，加强统筹谋划，推进全面依法治镇纵深发展；要凝聚法治力量，增强部门合力，推进全面依法治镇同向发力。

【村（社区）“两委”换届工作部署会】 2020年11月2日，浏河镇召开村（社区）“两委”换届工作部署会，认真落实中央和省委、苏州市委、太仓市委要求，学习太仓市村（社区）“两委”换届工作部署会会议精神，部署启动全镇村（社区）“两委”换届工作。镇党委书记徐洪明做讲话，提出要立足新时代新征程新要求，深刻认识做好村（社区）“两委”换届工作的重大意义；精心搞好换届人事安排，选优配强村（社区）“两委”领导班子；牢牢把握方向和重点，规范有序组织村（社区）“两委”换届选举；全面加强党的领导，确保村（社区）“两委”换届圆满顺利。

（钱凯佳）

组织工作

【概况】 2020年，浏河镇组织工作紧扣基层组织“五聚焦五落实”要求，实施“党建引领基层治理”镇级“书记项目”，成立“红帆领航团”，推行“银发工作室”，加强村（社区）、非公各领域党组织合作共建，打造“党建+”“邻里+”治理品牌集群。探索建立“互联网+党建”党员教育平台，开展“红歌猜猜猜”“沪剧党课云学习”“颂一颂我们的党”等活动，党员、群众广泛参与。紧扣干部队伍“五突出五强化”要求，扎实推进村（社区）“两委”换届工作，落实太仓市委出台的关于村干部职业化“1+7”系列文件要求，落实村书记县乡共管、村干部报酬待遇、激励保障等政策。严格选人用人各项环节，强化干部梯队建设，落细落实“三项机制”（干部鼓励激励、容错纠错、能上能下机制），营造干事创业良好氛围。至年末，全镇有党组织151个，其中党委14个、党总支3个、基层党支部134个。全镇在册党员3114人，较上年减少26人（组织关系转出、党员去世等）。其中，男性党员2302人，女性党员812人；35周岁以下党员460人，60周岁及以上党员1737人；具有大专以上学历党员1027人。年内新发展党员22人。

【干部队伍建设】 2020年，浏河镇开展“作风效能提升年”“项目建设攻坚年”活动，落实村干部职业化“1+7”系列文件、激励干部担当“1+N”系列文件要求，进一步提振干部作风效能，加快建设高素质专业化基层干部队伍。

【干部监督管理】 2020年，浏河镇加强干部队伍综合考察，紧扣村（社区）“两委”换届契机，对15个村（社区）“两委”成员进行全面考察，累计考察村（社区）“两委”104人次，谈话277人次。

【干部选拔任用】 2020年，浏河镇坚持好干部标准，把政治标准放在第一位，牢固树立“能者上、庸者下、劣者汰”用人导向，年内，实施人事调整2批次，涉及调整干部63人次，其中提拔35人次。结合经济发达镇行政管理体制改革机构调整，选拔4名干部担任内设机构正职。

【年轻干部选拔培养】 2020年，浏河镇加强青年干部培育，开设“笔力加油班”，创新“1+1+N”帮带模式，实现143名机关、

2020年12月30日，浏河镇开展第二届“青年干部综合能力拓展SHOW”（镇组织人事和社会保障局供稿）

2020 年 6 月 11 日，浏河镇“千人共学两会精神”主题党日主会场（镇组织人事和社会保障局供稿）

村（社区）青年干部培训全覆盖。搭建展示平台，开展第二届“青年干部综合能力拓展 SHOW”，42 名青年干部进行“赛场比武”。抓实“定制村干”培育，5 名农业委培生通过入额遴选程序被确认为“定制村干”。

【基层党组织建设】 2020 年，浏河镇继续落实“专题工作即时查、业务培训月月办、常规工作季度谈”的常态化党建体检督查制度，推进党支部和党员“动力工程”，形成基层党组织、党员争先创优氛围，浏河镇获评苏州市先锋镇，河北社区获评苏州市先锋社区。推进“不忘初心、牢记使命”主题教育常态化、制度化，组织开展党员“知史爱党”专项活动。实施“党建引领基层治理”镇级“书记项目”，成立“红帆领航团”，组织机关党员参与楼道治理专项行动、社会治理专题研讨等共计 10 余次；推行“银发工作室”，挖掘老党员 150 余人，常态化参与中心工作；打造“党建 +”“邻里 +”治理品牌群，涌现“红色管家大联盟”“楼满复兴”等项目；发挥“跨省行动支部”作用，采取活动共办、实事联办等形式，促进治理经验互通。创新“红帆云聚”党员干部教育管理平台，开展“千人共学两会精神”主题党日活动，党员、群众参与直播学习 6000 余人次，相关做法被“学习强国”全国平台推送，播放量超 31 万次。启动“百名党员为党庆生”项目，在微信公众号开辟“我心向党”主题活动专栏，营造党群共同迎接建党百年热烈氛围。

【人事档案专项审核】 2020 年，浏河镇接收编内档案 9 卷，接收编外档案 5 卷，转出档案 1 卷。根据干部管理权限，进行干部人事档案专项审核，共审核 9 卷，其中公务员 6 卷、事业编制人员 3 卷。

（沈诚俊）

“两新”组织党建

【概况】 2020年，浏河镇有新经济组织和新社会组织（以下简称“两新”组织）党组织37个，其中独立党支部36个、党委1个。党员362人，其中男性党员267人，占73.76%；女性党员95人，占26.24%。

【党建工作专项检查】 2020年，浏河镇以上年度非公有制企业和社会组织党建工作基本情况专项检查数据为依据，排摸全镇“两新”组织党建工作情况，共统计非公企业948家、社会组织4家。其中100人以上企业31家，50~100人企业35家，50人以下企业882家。按照“一企一档”要求，完成省平台数据录入工作。完成《浏河镇党员人数3名及以上“两新”组织名册》《浏河镇职工人数超过100名的“两新”组织名册》等台账资料。成立苏州伯德环境发展有限公司党支部和永乐椅业（太仓）有限公司党支部等“两新”党组织2个，撤销关停倒闭企业党组织3个。

【党建服务品牌建设】 2020年，浏河镇推行非公党建示范点建设。通过党建引领推动企业生产经营管理优化和效益提升，推进党建阵地建设。太仓市东港建筑工程有限公司党支部结合自身产业特点，以党建与企业经营融合共创为目标，打造“匠心筑梦”党建品牌；苏州好博医疗器械有限公司党支部以博采众长、博爱关怀、搏击未来为导向，发挥支部带动力、激发党员内动力、提升员工行动力，聚力打造“博动力”党建品牌。

（沈诚俊）

老干部工作

【概况】 2020年，浏河镇坚持将退休支部建设和退休干部管理、服务相结合，围绕上级“六有一提升”达标创优要求，严格对表对标，有效提高退休党支部标准化、规范化建设水平。至年末，浏河镇共有退休老干部59人，其中市管老干部35人。

【日常活动】 2020年，浏河镇开启“云教学”模式，组织老干部在线上观看“千人共学两会精神”主题党日直播、“红帆远航铭初心　火红年代攀新高”纪念中国共产党成立99周年活动直播，学习最新党的理论知识。组织支部党员参与“浏河发布”微信公众号上的“我心向党”12个月主题活动。

【走访慰问】 2020年，浏河镇深化“健康档案管理”，长效落实家庭医生“一对一”“全天候”服务。常态化走访老干部，了解老干部思想、生活情况，及时送上组织关怀。落实活动经费保障。全年申请老干部活动经费6万元，落实退休支部书记工作津贴，保障退休支部建设。

（沈诚俊）

宣传思想工作

【意识形态工作】 2020年，浏河镇党委理论学习中心组开展专题学习12次，其中集体学习研讨6次。严格落实意识形态工作责任制，镇党委会专题研究意识形态工作2次，召开意识形态领域分析研判会2次，召开全镇二级干部意识形态工作专题培训会1次，对村（社区）党组织开展意识形态工作督查6次。举办“大美浏河·小康生活”网络主题活动，推出云赏浏河直播、小康之路vlog、浏河小康生活、寄出浏河小康之美等网络文化活动4项，获评“2020年太仓市网络文化节优秀项目”。“有滋有味‘宅’生活”网络征集活动获评“2020年太仓市网络公益优秀项目”。

2020年7月31日，浏河镇举办“夜太美·为‘浏’而来”浏河夜经济系列活动新闻发布会（镇组织人事和社会保障局供稿）

【党员干部思想道德建设】 2020年，浏河镇开展党的十九届四中、五中全会精神及学好用好《习近平谈治国理政》第三卷宣讲活动60余场。开展领导干部读书调研，被《太仓社科论坛》录用文章3篇，获评“2020年度太仓市社科系统先进单位”。学好用好“学习强国”学习平台，推进镇村两级“学习强国”阅享空间建设，承办苏州首场“学习强国”学习平台“火红年代一起学”主题活动。

（丁左娇）

【新闻宣传】 2020年，浏河镇召开新闻发布会2次，新闻发布培训会1次。被《人民日报》（海外版）以及《新华日报》《江苏工人报》《精神文明报》《苏州日报》等媒体专题报道60次。在苏州市级及以上报刊刊登稿件50余篇，在《联播苏州》《苏州新闻》上播放新闻50余条，中国文明网报道1篇，江苏文明网报道2篇。被“学习强国”平台录用稿件122篇，其中全国平台录用23篇。“浏河发布”微信公众号推送信息1500余条。

（丁左娇、谭轶舟）

【精神文明】 2020年，浏河镇党委将全国文明城市创建工作作为重点工作，落实

2020 年 8 月 21 日，浏河镇举办创建全国文明城市主题活动暨 2019 年度精神文明建设表彰大会（镇组织人事和社会保障局供稿）

责任，狠抓到底。镇党政领导切实带头抓好文明城市创建工作，引入第三方机构进行专业测评。评选表彰 2019 年度浏河镇精神文明建设各类先进典型 35 位（项），全年获评太仓道德模范 1 位、太仓好人 5 位。获太仓市“文明健康 · 有你有我”公益传播设计大赛二等奖。全年开展各类文明实践活动 1400 余场，“摄影进农村，暖心全家福”获 2019 年度太仓市十佳新事。邢少兰艺术馆、浏河镇邻里生活馆入选首批“太仓市新时代文明实践示范点”。建设新时代文明实践所（站、点），全年开展新时代文明实践活动 1400 余场；深入推进文明村、文明家庭等创建活动，全镇文明家庭占比大于 30%。太仓市级文明村（社区）14 个，苏州市级文明村（社区）3 个（浏南村、东仓村、新闸村），江苏省级文明村（社区）2 个（浏南村、新闸村）。

（谭轶舟）

统战工作

【党外代表人士队伍建设】 2020年，浏河镇组织党外代表人士列席镇人代会、工作通报会。围绕全镇规划建设、高质量发展等主题举办座谈会、通报会3次，开展“全面小康　奋斗有我”党外代表人士学习实践活动1次。落实党外代表人士联系交友工作制度，每位班子领导干部实地走访开展联系交友活动2次。

【统战工作创新项目建设】 2020年，浏河镇深化对台服务，打造“心连台企·与台企同行”统战工作项目创新，建立台企台商与浏南村双向服务机制，“暖心”走访、“初心”教育、“同心”服务三大品牌逐步形成。深化“处处浏新”新阶层人士统战工作品牌，推进新的社会阶层人士统战工作实践创新基地建设，镇新联会与河北社区开展“双向服务”，实现组织联网、活动联谊、实事联办。

【民族宗教和谐稳定】 2020年，浏河镇召开民族宗教工作领导小组全体会议1

2020年8月19日，浏河镇统战人士代表参加“全面小康　奋斗有我”学习实践活动（镇组织人事和社会保障局供稿）

2020 年 9 月 27 日，浏河镇浏南村与台企共同举办“尝五湖四海美食　话海峡两岸情深”中秋游园会（镇组织人事和社会保障局供稿）

次，举办民族宗教理论政策主题宣讲 2 次。开展“民族团结进步宣传月”“宗教政策法规学习月”活动。抓好宗教场所疫情防控工作，开展宗教活动场所安全工作专项整治行动，开展回头检查 8 次，针对排查出的问题隐患持续开展集中整治，及时梳理汇总整改安全问题清单，跟踪跟进，逐一做好防范化解工作。

（丁左娇）

党校教育

【党员冬训】 2020 年，浏河镇充分考虑抗疫形势下党员群众的学习需求和实际困难，创新线上学习形式，通过线上“领读”和线下“大讨论”，压实、延伸冬训“教学链”，在不耽误防疫工作的前提下确保浏河镇党员应训尽训。“冬训书房云阅读”案例获评 2019—2020 年度太仓市基层党员冬训工作“A 类创新案例”。

【“弘扬‘三大法宝’再创‘火红年代’”主题大讨论】 2020 年，浏河镇就太仓市和浏河镇总体规划发展实际，组织开展“弘扬‘三大法宝’再创‘火红年代’”主题大讨论活动，形成《加快重大项目建设 以项目建设引领高质量发展——以推进文旅城项目为例》等理论成果21篇，为总体规划实施及发展方向出谋划策。

【冬训书房】 2020年，浏河镇在“浏河发布”官方微信公众号上开设“冬训书房”学习栏目，栏目包括“疫期阅读”“理论接力领读”和“点赞中国之治”，每周推荐优秀读本以及主题演讲视频，举办“理论接力领读”10期，内容涵盖防疫知识、国家制度和治理体系科学内涵介绍等方面，通过全民线上阅读扩大党员冬训影响力，使广大党员更加坚定中国特色社会主义制度自信。

【教材漂流】 2020年，浏河镇挑选《党史可以这样讲》《跟着共产党走——一本给青年人看的简明党史》《半小时漫画中国史》等内容简明、故事性强的教辅图书，随机组合成“阅读充电包”，投放到抗疫一线的党员志愿者中，通过图书漂流的形式，将图书和加油鼓劲的寄语送到每一位阅读者手中。

（顾焱）

档案管理

【概况】 2020年，浏河镇履行“为党管档、为国守史、为民服务”职责，推进档案管理规范化建设，做好档案年度检查及安全检查。加强村（社区）档案业务指导，推进档案星级测评及复查。完成新冠肺炎疫情防控工作档案收集移交。

【档案年度归档】 2020年，浏河镇坚持“统一领导、定期移交、规范整理、集中保管”原则，做好各门类、载体档案资料征集、归档工作。全年接收文书档案2046件、实物档案9件、照片档案60张、光盘档案5盘、司法档案12卷。

【档案星级创建】 2020年，浏河镇各村（社区）配置专用档案柜、计算机、打印机、除湿机等设备，为档案管理和利用创造良好条件。各村室藏档案超千件，合作社档案均建有独立目录号，为现实工作提供参考、凭证。12月，何桥村、新闸村、闸北村、新塘村通过江苏省二星级测评，东方社区通过江苏省一星级测评，实现全镇15个村（社区）档案工作“星级”创建全覆盖。

【档案查阅服务】 2020年，浏河镇接待档案查阅308人次，查阅内容涉及人事任免、劳动保障、环评、调解、婚姻、独生子女、退伍军人、政策法规等，为利用者提供翔实的第一手资料。

（印莺）

浏河镇人大

重要会议

【浏河镇第十八届人民代表大会第七次会议】 2020年1月16日，浏河镇第十八届人民代表大会第七次会议召开。大会应到代表73人，实到代表71人。大会听取、审议并通过镇长张义所做的政府工作报告和镇人大副主席陈文贤所做的《浏河镇人民代表大会主席团工作报告》，审查通过《关于浏河镇2019年预算执行情况和2020年预算的决议》。会议期间，收到人大代表各类书面意见建议26件。

【浏河镇第十八届人民代表大会第八次会议】 2020年7月27—28日，浏河镇第十八届人民代表大会第八次会议召开。大会应到代表74人，实到代表70人。大会听取、审议并通过镇长张义所做的《2020年上半年全镇经济和社会发展情况报告》和镇人大副主席陈文贤所做的《关于浏河镇第十八届人大七次会议代表建议、意见办理情况的报告》，审查和批准《浏河镇2019年财政决算（草案）的报告》。

（林岑晔）

依法监督

【概况】 2020年，浏河镇人大主席团组织代表开展执法检查2次、专题视察8次、代表统一接待日活动4次，听取和审议各类工作报告6次。

【代表建议督办】 2020年，浏河镇第十八届人民代表大会第七次会议收到意见建议26件，涉及教育卫生、工业环保、政法民政、规划建设管理、交通运输等5个方面。镇人大主席团加大代表意见建议办理工作力度，对承办单位办理情况开展视察检查，采用逐件跟进、提醒督办的方式，确保代表建议件件有着落、事事有结果。对26件人大代表意见建议均按规定期限向代表做出书面答复，办复率100%，代表满意率或基本满意率100%。

【经济发展督查】 2020年，浏河镇人大代表在镇第十八届人民代表大会第七次、第八次会议上听取和审议政府工作报告。代表们结合经济社会发展情况展开讨论交流，提出意见建议，要求镇政府围绕高质量建设“全域旅游的滨江田园城镇”，统筹把握宏观发展形势，加大转型升级力度，加快调整优化产业结构，加强科技服务平台建设力度，优化营商环境。加强财政预算和执行情况的审议，推动财政审计常态化、制度化落实。聚焦“十四五”规划纲要编制，在市、镇两级代表中征集意见建议22条，为科学谋划“十四五”时期战略布局凝智聚力。

【文明宜居督查】 2020年，浏河镇人大主席团坚持疫情防控和乡村振兴工作两不误，组织动员人大代表参与疫情防控，扎牢疫情防控网。重点围绕农业农村发展开展专题调研，收集农房翻建、高标准农田建设、农产品销售等一批高质量意见建议，为党委部署农业农村工作提供决策参考。督促政府加快建设七十二家村田园综合体项目，加大农村人居环境整治力度，加强农村集体资产管理和农村基层治理创新，紧抓特色现代农业发展，凝聚乡村振兴磅礴力量。围绕长江大保护、“河长制”改革、污染防治攻坚战、生活垃圾分类等工作，组织人大代表开展督查调研，督促政府加大工作力度，狠抓责任落实，强化监督监管，巩固治理成效。针对生活垃圾分类省级试点工作，建议政府加大宣传、加快布局、加强考核，打造生活垃圾分类浏河模式。

【行政效能督查】 2020年，浏河镇人大主席团开展“网格化”治理专题调研，发挥人大代表在基层社会治理中的重要作用，督促政府相关部门进一步树立问题导向、顺应民生需求，以“网格化”助力精准治理。组织人大代表参与“执法为民、服务发展”主题实践评议活动，评议镇级执法服务部门21个，要求相关部门认真总结工作经验，查找存在的不足，按照代表们提出的意见建议，制定整改措施，认真加以落实。

2020年10月26日，人大代表视察文明城市创建“回头看”工作（镇党政办供稿）

2020 年 12 月 3 日，人大代表视察民生实事项目完成情况（镇党政办供稿）

【民生福祉督查】 2020 年，浏河镇人大主席团以政府民生实事项目作为回应民生关切问题的重要抓手，在镇十八届七次会议上首推民生实事项目票决制，政府广泛征集民意提出项目，人大代表差额票决确定项目，强化监督合力助推项目建设。组织人大代表采用“看、听、议”的形式，视察浏南村三星级康居乡村、新闸村老年人日间照料中心、东方幼儿园和明德二中、明德二小等民生实事项目建设情况，听取和审议政府分管领导对相关情况的汇报，就进一步落实工作责任、倒排工作时间、细化工作目标提出建议，督促相关责任部门从严从实抓好项目建设，真正把民生实事项目办成民心工程。

（林岑晔）

代表工作

【代表知情渠道畅通】 2020 年，浏河镇人大主席团完善履职平台建设，建成东仓村、新闸村“人大代表之家”。加强代表与选民联系，全年组织代表接待选民活动 4 次，市人大代表 12 人、镇人大代表 22 人参加活动，接待选民 25 人次，累计收到选民意见建议 38 条。

【代表履职能力提升】 2020 年，浏河镇人大主席团科学制订培训计划，有针对性地组织代表开展学习考察，着力提升代表履职水平。组织市、镇人大代表深入学习贯彻习近平总书记关于坚持和完善人民代表大会制度的重要思想，全面贯彻落实省委、苏州市委、太仓市委召开的人大工作会议暨纪念地方人大成立 40 周年大会精神。完善代表履职管理系统，线上履职平台与线下人大代表之家相互补充，及时通报代表活动及工作动态，促进代表履职更加高效便捷。

【代表管理制度健全】 2020 年，浏河镇开展各类代表小组活动 18 次，通过健全代表参加活动考勤制度提升代表履职实效。组织开展代表向选民述职活动，加强代表与选民双向交流，提升代表履职意识，5 名市人大代表和 14 名镇人大代表向选区选民报告履职情况。

（林岑晔）

浏河镇政府

综 述

浏河镇拥有1800多年历史，是江南历史文化名镇，是唯一的既沿江又临沪的全国重点镇，素有“江尾海头第一镇”之称。

2020年6月，浏河镇职能机构由原来的“一办七局”调整为“一办八局一中心”，包括党政办公室、组织人事和社会保障局（党建工作办公室）、经济发展局、财政和资产管理局、建设局、社会治理和社会事业局（生态旅游局、退役军人服务站）、综合行政执法局（安全生产监督管理办公室）、行政审批局（为民服务中心）、农村工作局、集成指挥中心。

2020年，全镇一般公共财政预算税收收入8.14亿元，全社会固定资产投资46.04亿元；实现工业总产值128.26亿元，其中规模以上工业产值96.25亿元。高新、新兴产业产值占比分别达58.57%和65.75%，均位居太仓市前列。同年，入选苏州市率先基本实现农业农村现代化示范镇，省级旅游度假区年度考核排名提升至27位。

（张佳丽）

重要会议

【安全生产工作会议】 2020年，浏河镇党委、政府召开安全生产专题工作会议9次，安委会全体成员会议4次，分析研判全镇安全生产形势，研究部署推进安全生产专项整治三年行动、危险化学品使用安全专项治理行动等各项工作任务，进一步压紧压实各方责任，有力有序推进安全生产工作，确保全镇安全生产形势持续平稳向好。组织全体班子领导入企宣讲安全生产16次，创新工作模式，开通宣讲现场直播，通过“线上+线下”相结合的方式覆盖企业700余家、从业人员16000余人，实现“两个全覆盖”。

【征收（拆迁）工作例会】 2020年，浏河镇政府召开拆迁（征收）工作推进会议5次、专题工作会议6次，讨论沪苏通铁路太仓站配套、智能制造产业园、恒大文旅城项目、民生项目等地块征收拆迁相关事宜。动员有关单位和部门工作人员强化担当、压实责任，围绕拆迁目标分析拆迁工作难点和存在问题，谋求解决办法。

【创建全国文明城市工作推进会议】 2020年，浏河镇召开创建全国文明城市工作专题推进会（含现场推进会）3次，针对薄弱环节、具体问题分析并部署下阶段工作。动员全镇上下充分认清文明城市创建形势，积极对标找差，以最严要求、最高标准奋力攻坚克难，汇聚冲刺合力，确保各项创建工作部署落到实处、取得实效。

【第七次全国人口普查动员部署会议】2020年7月，浏河镇政府召开第七次全国人口普查动员部署会议。会议传达贯彻国家和省有关第七次全国人口普查工作会议精神，动员、部署浏河镇第七次人口普查工作任务。进一步统一思想、振奋精神，确保高质量完成镇第七次全国人口普查工作。

【民生实事项目推进会】 2020年，浏河镇政府召开民生实事项目推进会（含现场推进会）2次。会议重点研究分析实事项目推进过程中存在的问题，深刻查摆原因，制定针对性措施，倒排工期，集中攻坚，确保项目按照序时进度如期完成。

（张佳丽）

实事项目

【概况】 2020年，浏河镇安排政府民生实事项目8项，涵盖教育惠民、民生服务、生态文明、公共设施等方面，总投资1.31亿元。至年末，8项民生实事项目全部完成或基本完成建设。

【教育基础设施提升项目】 该项目总投资约5300万元，由建设局、社会治理和社会事业局（原政法和社会事业局）负责实施。主要任务是完成新塘小学体育馆和食堂主体结构建设，完成滨江幼儿园装修和质量检测以及完成东方幼儿园主体建筑和装修工程。至年末，东方幼儿园已完成主体建筑及装修工程，滨江幼儿园完成吊顶建设，2所幼儿园均按序时推进，确保2021年9月顺利招生。新塘小学体育馆及食堂已完成桩基施工。

【农贸市场提升改造项目】 该项目总投资约6200万元，由市监分局和新塘管理区管委会负责实施。主要任务是对新塘农贸市场内部破损路面、下水系统、部分摊位及老旧线路以及配套停车场的停车系统、雨污排水及路面进行修复改造，对常青市场内墙体、部分摊位及老旧线路进行修复改造，完成两个市场整体提档升级。至年末，两个市场均完成提升改造。

【城乡污水治理项目】 该项目总投资约1250万元，由农村工作局（原水利站）负责实施。主要任务是完成长江东路南侧村庄和东海一村、二村小区污水截污纳管及东港路北段污水主管网建设。至年末，长江东路南侧村庄和东海一村、二村小区污水截污纳管已通过验收并投入使用。东港路北段污水主管网建设已完成项目总进度95%。

【沿江生态廊道建设提升项目】 该项目总投资约2800万元，由建设局负责实施。主要任务是完成七十二家村区域内随塘河两岸村庄的环境治理和水电气管网的建设，提档升级沿江大道、银海路步道和绿化。至年末，随塘河两岸环境治理全面完成，七十二家村区域全部管网完成新建改造，沿江大道和银海路生态廊道完成绿化建设。

【美丽宜居乡村建设项目】 该项目总投资约1624万元，由建设局和农村工作局（原经济发展局）负责实施。主要任务是完成新塘村特色田园乡村建设和三星级康居乡村点位2个。至年末，2个三星级康居乡村已完成建设。新塘村特色田园乡村建设根据上级安排调整至2021年8月建成，现已进场施工。

【“四好农村路”建设项目】 该项目总投资约1400万元，由建设局负责实施。主要任务是提档改造全长2100米的凤洲路和全长1250米的张楼路，将道路均拓宽至6米。至年末，两条道路均完成提档改造并通过验收。

【养老服务提质增效项目】 该项目总投资约320万元，由社会治理和社会事业局（原政法和社会事业局）负责实施。主要任务是完成10户困难老年人家庭的无障碍设施改造，改造提档复兴社区老年人日间照料服务中心，新建新闸村、新塘村老年人日间照料服务中心和扩建万安村、新塘社区老年人日间照料服务中心。至年末，完成困难老人家庭无障碍设施改造35户。改扩建的5所日间照料中心均完工验收并开放运营，实现全镇老年人日间照料服务中心100%全覆盖。

【现（退）役军人关爱项目】 该项目总投资约18万元，由人武部、社会治理和社会事业局（原政法和社会事业局）及组织人事和社会保障局负责实施。主要任务是完成浏河镇现（退）役军人的“一人一档”工作，开展现（退）役军人（家庭）重病、过世、生活困难等情况慰问，制定现（退）役军人就业创业服务办法，搭建就业创业服务平台，奖励在部队表现优异，获得立功或优秀士兵荣誉的现役军人。至年末，“一人一档”工作完成。走访慰问困难现（退）役军人，完成就业创业服务办法制定，浏河镇退役军人就业创业服务中心投入使用。提高奖励标准，表彰在部队表现优异、立功的现役军人。

（张佳丽）

政务公开

【概况】 2020年，浏河镇政府坚持“公开为常态，不公开为例外”的原则，通过太仓市人民政府官网、“浏河发布”微信公众号等平台公开发布政府信息1513条，召开新闻发布会2次，内容涵盖经济发展、农村工作、综合执法、城乡建设、民生服务、社会管理等多个领域。全年未发生任何因政府信息公开申请行政复议、提起行政诉讼情况。

【政务公开机制】 2020年，浏河镇政府严格落实太仓市《关于印发当前政务公开重点工作安排的通知》(太政办〔2020〕147号)，根据《浏河镇政府信息公开指南》，持续完善信息公开化制度，探索长效管理模式。按照“谁发布谁负责，谁分管谁负责”原则，加强信息发布审核和保密审查工作，严格规范信息上报、审核、发布等流程，实行经办人上报、部门负责人及分管领导把关、主要领导签发、办公室统一发布的管理制度，加强信息公开的主动性和时效性。依托政务平台，规范政府信息依申请公开办理程序，优化申请政府信息公开的受理、答复机制，年内完成镇政府门户网站栏目更新。

(张佳丽)

行政审批

【概况】 2020年，浏河镇行政审批局围绕落实打造“苏州最舒心”营商环境，树立用户思维，注重客户体验，以“四个最少”(找最少的部门、跑最少的路、花最少的时间、交最少的材料)为标准，持续深化“放管服”改革，实现“1120”改革目标。升级更新审批系统，实现与市审批系统互联互通，构建电子证照库、电子印章支撑体系。完善24小时自助服务区功能服务，引进社保卡自助制卡机1台、政务服务综合自助端2台。实体化运转“1+15”镇村(社区)二级便民服务体系，完成公共服务事项维护158项，与江苏省政务服务网互联对接，实现92项便民服务不出村。定期开展行政执法三项制度培训学习，全年新增持证执法人员2人，累计配备执法人员8人，审批业务综合执法权限全覆盖。做好文明城市创建工作，服务大厅布置及志愿者服务全覆盖。规范化开展“5+X”主题党日活动、三会一课，完成党建示范展厅布展。加强青年职工队伍建设，高质量开展“青年说”、信息技术夺旗赛等特色活动，获太仓市“工人先锋号”“青年文明号”“巾帼文明岗”称号。不动产登记窗口获评江苏省“苏小登党员先锋岗”。全年累计办件19.6万余件，其中税务9.8万件，公安、交警4.2万件，综合窗口3.1万件，公积金、自来水等业务2.1万件，市场准入、不动产登记0.4万件，办结率100%，满意率99.9%。

【疫情防控】 2020年初，疫情发生后，浏河镇行政审批局编入疫情防控扫楼组和企业防控组，在太仓市率先推出企业复工数字化平台，以“不见面”理念，协助完成生产型企业复工复产928家。下半年疫情常态化防控阶段，持续严格落实现场防控措施，全面加强大厅管控工作，积极推行不见面、网上办、预约办。

【“一件事”套餐式服务】 2020年，浏河镇行政审批局接稳用好首批9大类赋权经济社会管理事项，在税务、市场准入、不动产登记窗口全面推行综合化接件，推出

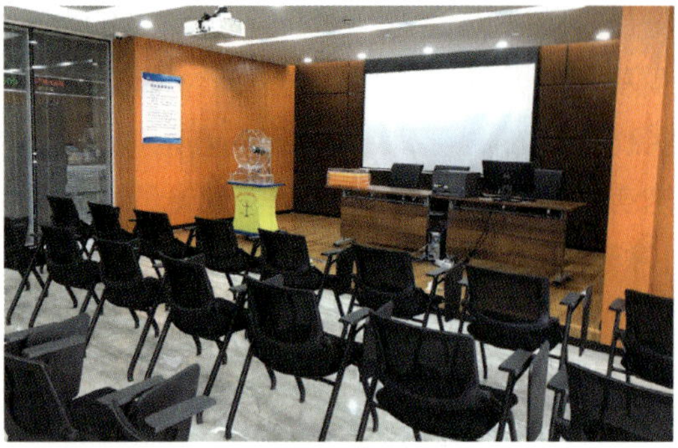

2020 年 11 月，浏河镇公共资源交易中心正式投入使用（镇行政审批局供稿）

窗口“不午休”“延时预约服务”，探索“一表通办”，推出高频事项“一件事”套餐式服务 10 个。

【“1120”改革】 2020 年，浏河镇行政审批局围绕“1120”改革，全面推行企业注册登记全程电子化，常态化推行企业开办“全链通”4 个环节 0.5 天完成，同步延伸公积金开户、社保登记等业务，将“全链通”服务延伸至 6 个环节。累计新增企业法人 435 家，超出全年目标任务 15 家，“全链通”服务半日办覆盖率达 80%。建立重点项目高效审批机制，落实专人负责、帮办代办制，通过“模拟审批”“容缺受理”“电子图审”等方式，扩大“双信三即”使用度和覆盖面，施工许可证审批周期压缩至 20 个工作日以内，“交地即发证”让项目建设再加速。全镇重点工业项目实现 100% 开工建设，累计发放施工许可证 15 张，平均审批时间 12 个工作日，全面完成“20”改革目标。

【公共资源交易中心】 2020 年 11 月，浏河镇公共资源交易中心正式投入使用，整合划入工程建设项目招投标、政府采购、农村产权交易等职责。整合场所资源，符合镇级规定的招投标项目统一进入浏河镇公共资源交易中心。整合人员配置，划转审批局、建设局、采购办工作人员 8 人入驻交易中心。整合平台系统，搭建线上平台，实现从项目注册、发布招标公告、开评标到中标公示全程电子化。

（王毅涵）

综合执法

【概况】 2020 年，浏河镇综合行政执法局办理简易程序案件 2806 起、一般程序案件 360 起。其中市容类案件 332 起、国土类案件 7 起、建设类案件 14 起、劳动监察类案件 5 起、水利类案件 1 起、农业类案件 1 起。一般程序案件罚款共计 70.61 万元，简易类案件罚款 12.27 万元。

【疫情防控专项行动】 2020 年，浏河镇综合行政执法局严格贯彻疫情防控工作要求，加强联防联控，切实保障人民群众生命安全和身体健康。安排执法人员在 346 国道浏河公安检查站（华亭）分班轮番协同其他部门检测进入浏河的车辆、人员，24 小时配合相关部门对来往车辆、人员做好劝返、引导、测温、询问、登记等工作，登记客货车5025辆次，人数6803人次。防疫“接送组”夜以继日，专车接送入太外来人员90人，其中，接送至宝船饭店、港湾酒店集中观测点隔离78人，接送至家中居家隔离12人。针对辖区内2064家商铺，每日一次全面排摸“九小场所”，确保防疫期间，除荤蔬菜零售批发店、副食品类杂货店、药店、小超市、水果店外，其余“九小场所”全部关停，凡是发现未经申请审批擅自开门营业的，一律劝阻关停。配合太仓市卫生健康委员会做好公共场所卫生防疫督查，监督检查辖区内商场超市、汽车客运站等公共场所，将联防联控延伸至浏河镇区各大酒店经营场所，上门宣传解读政策法律法规，引导大型酒店经营场所自主配合暂停营业。组织执法队员、特勤队员、第三方保安人员集中整治老菜场、常青市场、新塘菜场，禁止防疫期间出现店外经营等违规现象，督促市场管理方全面清除卫生死角，做到垃圾“日产日清”，确保市容干净整洁，做到防疫期间市容秩序不松懈。

【油品码头专项整治】 2020年3月起，浏河镇综合行政执法局根据苏州市人民政府印发的《苏州市长江经济带生态环境问题整改方案》的相关要求，联合太仓市交通运输局、水务局等单位对辖区内存在未经许可占用长江干流岸线违规行为的苏州胜大石油化工有限公司、浏家港石油责任有限公司码头、诚祥水上加油站3家单位进行专项整治。拆除拖移违法设置浮趸5艘、固定杆10根、临时引桥8条，出动队员600余人次，消防、交警、

2020年2月3日，浏河镇综合行政执法局部署疫情防控工作（陈萌摄）

边防、执法局等执法车辆51辆次，海事执法15船次，大型施工车辆20辆次，无人机巡查20余次，完成趸船及连接油管拆除工作。

【农房违法建设专项整治】 2020年3月，浏河镇启动农房违法建设专项整治行动，划分全镇8个村共为96个片区，涉及农户6507户。综合行政执法局联合国土分局、建设局开展违建农房认定工作。至年末，完成5个轮次认定工作，排查农户2464户，实际认定违建农户753户，面积8.02万平方米，协助拆除农房违法建设面积6.11万平方米。

【户外广告专项整治】 2020年，浏河镇综合行政执法局根据《苏州市区户外广告设施整治提升行动方案》《关于开展影响消防安全广告设施专项整治工作的方案》文件精神和要求，整改和拆除不符规定及存在安全隐患的户外广告设施1127处，面积约6440.8平方米。其中，拆除屋顶广告、建筑物墙面广告69处，面积约5475.4平方米；拆除高立柱广告2处，面积约300平方米；拆除屋顶镂空字14处，面积约400平方米；拆除落地看板、落地灯箱等广告设施20处，面积约23.8平方米；拆除电子显示类广告设施8处，面积约8平方米；清除乱张贴刻画涂写等997处，面积约219.6平方米；清除公路违规广告板17处，面积约14平方米。

【违章建筑拆除】 2020年，浏河镇综合行政执法局严格按照两违快速处置流程，联合国土分局、建设局、村（社区）等做到第一时间发现、第一时间制止。至年末，

2020年5月20日，浏河镇综合行政执法局专项整治油品码头（陈萌摄）

浏河镇联动两违快速处置272起，拆除违章搭建约6397平方米；配合农房违法建设专项整治行动，拆除违法建设面积约6.11万平方米。

【苏州市城市管理示范路创建】 2020年，浏河镇综合行政执法局以新塘管理区提档改造为契机，申报苏州市城市管理示范路创建工作，重点实施新谊路市政道路及沿街建筑立面装饰改造：完善店招标牌，在设计、色调等方面注重彰显历史文化特色；配套建设新谊路及周边区域污水系统，实现雨污分流；完善基础设施，对新谊路路面、两侧绿化、人行道板、路灯等进行修补和改造。至年末，顺利通过验收，获评“苏州市城市管理示范路”。

【精细化管理】 2020年，浏河镇综合行政执法局通过一份“精细化管理文明承诺书”，引导商家自觉做出承诺，并将签约承诺书在“信用太仓”网站公示，实现商家自治。以综合监管网格为“面”，重点路段专格长为“线”，落实主体责任到人为“点”，层层细化，切实提高城市管理效能。通过精细化管理方式，践行城市管理“721工作法”，即70%的问题用服务手段解决、20%的问题用管理手段解决、10%的问题用执法手段解决，形成“自治——监管——执法”全闭环处置体系，强化处置能力，提高管理效能。

【道板违停处罚】 2020年，浏河镇综合行政执法局以镇内主要道路（郑和大街、闸北路、郑和南北路）为重点整治路段，拖移违停机动车和非机动车。全年机动车道板违停贴单并处罚2203起，缴纳罚款11.02万元；非机动车违停拖移并处罚486起，缴纳罚款9720元。年中开始，拖移和处罚损坏城市绿化的违停车辆43起，警告教育12起，行政处罚31起，罚款3100元。

【劳动监察】 2020年，浏河镇综合行政执法局针对企业开展“双随机”检查工作，平均每月抽查企业10家，完成企业抽查120家。检查结果通过“信用太仓”平台公示，并推送至相关部门。劳动监察调解119起。

（陈萌）

安全生产

【概况】 2020年，浏河镇未发生较大以上和有重大社会影响的生产安全事故，实现“双下降”总目标，全镇安全生产形势平稳有序。全年完成三级标准化企业新增和复审通过35家，小微标准化企业新增、复审、审计考评通过220家，市、县（市、区）、镇三级挂牌隐患单位共计5家，投入整改资金2000万元，完成隐患整改工作。

【监管责任落实】 2020年，浏河镇召开党委（班子）会议5次、政府办公会议4次，镇安委会安全生产会议4次，深入研

2020 年 6 月 9 日，浏河镇开展消防应急演练（镇安监办供稿）

2020 年 9 月 3 日，江苏省安全生产第五督导组领导做安全生产主题宣讲，全镇企业员工线上观看直播（镇安监办供稿）

究安全生产工作重大问题、重要事项，细化专项整治行动工作方案，部署安全生产重点工作。

【安全监管】 2020 年，浏河镇安监办执法检查企业 112 家，立案查处 50 起，较上年增长 38.89%；处罚金额 80.05 万元，较上年增长 127.9%。协助国开区中队安全生产执法检查企业 17 家，处罚金额 64 万元。

【宣传教育】 2020 年，浏河镇安监办通过培训、会议、“安全生产月”活动，发放安全生产和应急管理宣传资料 2000 余份。全体班子领导深入企业开展“百团进百万企业”安全生产宣讲 16 人次。创新工作模式，开通宣讲现场直播，通过“线上＋线下”相结合的方式覆盖企业 700 余家、从业人员 1.6 万余人，实现“两个覆盖”。

【知识培训】 2020 年，浏河镇安监办开展辖区内工业企业负责人、安全管理人员安全合格证书培训共计 13 期 1054 人，提高企业负责人和安全员主体责任意识，提升安全生产管理水平。

【应急救援】 2020 年，浏河镇组织开展各类应急演练 50 余场，落实 24 小时应急值班值守要求。统筹完善应急物资配备，提高应急处置能力，组建政府主导型应急救援队伍共计 11 支，包含民兵应急排、建设应急救援队伍和所有村委会，共计 106 人。

【重点行业领域专项整治】 2020 年，浏河镇对重点行业领域企业开展安全生产大排查大整治，检查企业 55 家次，整改隐患 351 处。取缔违法违规“小化工”企业（作坊）8 家，关停涉氨制冷仓储冷库 1 家，开展涉氨冷库区域性安全风险评估 10 家。

（金曙）

人事工作

【概况】 截至2020年，浏河镇有公务员66人、事业编制人员121人。年内，新招录公务员、事业编制人员、编外人员共28人。

【工作人员招聘】 2020年，浏河镇录用公务员6人，其中女性2人、男性4人；录用事业编制人员5人，其中女性2人、男性3人。结合全镇各单位人才需求，面向社会公开招聘编外工作人员17人，其中女性6人、男性11人。

（徐珠春）

信访工作

【概况】 2020年，浏河镇信访矛盾热点问题主要集中于农村土地征用和人员保障、建筑领域务工人员工资拖欠、违章建筑整治、社保工龄认定、房屋破损维修、农房翻建审批等方面。镇信访部门结合“源头控访、细致接访、联合诊访、依法处访、以情化访和规范息访”的“六访工作法”，落实“信访责任制”“领导包案制”“一岗双责制”等信访工作制度，固定开展镇领导每日接访，推进化解社会矛盾纠纷。

【信访案件受理】 2020年，浏河镇信访部门接待群众来信来访648件（批）次1205人次。其中来信75件次、来访573件次。信访局“阳光系统”来信（电）转交办8件次、来访转交办13件次，网上信访转交办114件次。处理完结率100%，群众满意率94.12%。

（陈勤明）

机关事务

【概况】 2020年，浏河镇机关事务管理强化制度建设，做好机关后勤保障工作。年内完成党代会、人代会、全面依法治镇工作会议、党员冬训动员会、党的建设工作会议等大型会议保障工作618次。保证机关食堂用餐3.6万余人次。强化安保，严格登记进出政府大院人员、车辆等，做好后勤保障工作，提高机关事务服务水平。

【机关办公用房】 2020年，浏河镇规范机关办公用房使用、调整和监督，建立健全日常管理体制，对每间办公用房使用明细登记造册，严格审核办公用房调整使用，加强办公用房使用监督检查。

（刘成林）

【公务用车管理】 2020年，浏河镇严格落实《党政机关公务用车管理办法》，持续强化对公务用车配备、使用、处置等全流程管理。保留机关公务用车3辆，严格执行公务用车使用台账制度，根据用车申请单登记造册，明确用途、时间、地点等事项，规范公务用车节假日封存停放、使用情况登记等。加强公务用车日常保养保洁，提升公务用车服务满意度。

（张佳丽）

政协工委

综　述

【概况】 2020年，浏河镇政协工委组织专题调研视察活动2次、专项民主监督活动2次、专题协商活动11次，提交提案7件、社情民意信息6条。

【专题调研视察】 2020年，浏河镇政协工委开展专题调研视察活动2次。重点调研项目复工复产和人员招聘情况，前往苏州贯龙电磁线有限公司、太仓科益精密模塑股份有限公司等规上企业视察疫情期间复工复产情况，召开座谈会了解企业复工过程中遇到的困难，帮助解决企业“用工难”问题。调研浏河镇全域旅游发展情况，通过实地考察恒大文旅城、七十二家村田园综合体、浏河古镇等农旅文旅项目，开展“文旅+农旅融合”课题研究，推动开发“浏河镇全域旅游智慧平台”，为浏河镇建设全域旅游的现代滨江田园城镇提供智力支持。

2020年9月17日，浏河镇政协工委调研镇行政审批局“放管服”改革情况（陈少华摄）

2020年12月8日，浏河镇政协工委视察镇桃源农场建设情况（陈少华摄）

【专项民主监督】 2020年，浏河镇政协工委开展专项民主监督活动2次。监督浏河镇垃圾分类工作，实地查看垃圾处理站的建设运营情况，并走访何桥村、张桥村、河北社区等村（社区），了解小区垃圾分类“三定一督”工作进展。召开座谈会，听取相关负责人对垃圾分类工作的总结汇报。顾晓峰指出：要充分认识垃圾分类工作的重要性、长期性和复杂性，持续组织开展更具针对性、更富实效的视察、暗访、调研活动，跟踪问效，久久为功，推动垃圾分类工作取得实实在在的成效。监督政府实事工程，实地视察三星级康居乡村点位（许家滩）、新闸村老年人日间照料中心、明德二小、明德二中建设工程等实事工程项目4个，听取《2020年政府实事工程推进情况简要说明》，并针对政府实事工程进度情况展开交流。

【委员工作】 2020年，浏河镇政协工委拓宽委员知情渠道，建立镇级、村级“三位一体”（“有事好商量”协商议事室、委员之家、社情民意联系点）工作载体。年初，在完善镇级“有事好商量”协商议事室的基础上，设立镇辖区级“有事好商量”协商议事室3处、委员工作室2处。至年末，实现“有事好商量”协商议事室村（社区）全覆盖。制定政协委员坐班制度，设立“政协委员接待日”，将政协委员挂钩到村（社区），推进政协协商向基层延伸。组织委员参加各类学习培训、专题调研、参观考察，引导委员在学思悟践中增强履职能力，提高委员提报提案能力。

（陈少华）

协商议政

【专题协商】 2020年，浏河镇政协工委围绕高质量发展新要求，紧扣党委、政府全年中心工作，按照协商于民、协商为民要求，围绕重大发展问题开展深入调研，做好协商履职工作，服务全区改革工作大局。镇政协工委针对“长江大保护”“企业招工难”“古镇亮化工程”等主题开展专题协商活动，全年共计开展协商议事活动11次。全年被《人民政协报》推送报道1次、《中国青年报》推送报道1次，被江苏政协、《苏州日报》、苏州政协、太仓政协录用信息14篇，其中《浏河古镇二期灯光亮化工程》协商议事案例被苏州市政协评为优秀典型案例。委员们与相关部门负责人、群众代表积极讨论，记录员汇总协商结果，形成建议清单，报送镇党委落实办理。

【提案与社情民意】 2020年，浏河镇政协工委提交提案7件。其中，集体提案1件：浏河镇政协工作委员会《关于规范民宿发展和管理的建议》；委员提案6件：顾晓峰《关于完善乡镇医保窗口业务工作的建议》、朱学锋《关于多措并举，推进垃圾分类工作落实落细的建议》、卢正洪《关于改善我市农村污水排放系统的建议》、郑一帆《关于加强政府对工业互联网安全保护的建议》、方凯《关于老旧小区改造的建议》、邓月丽《关于生态文明城市建设的建议》。上报社情民意信息7条：顾晓峰《“反转新闻”频发折射出多重问题亟需重视》、朱学锋《关于移风易俗的几点建议》、刘传松《关于加强扶持农业生产社会化服务的建议》、郑一帆《关于优化营商环境的建议》、方凯《关于垃圾分类之外包装》、邓月丽《关于新冠肺炎疫情防控常态化的建议》、卢正洪《关于提高中小微企业员工职业技能的建议》。

（陈少华）

纪检监察

全面从严治党

【党风廉政建设】 2020年，浏河镇党委坚持党要管党、从严治党，把纪律和规矩挺在前面，深入推进党风廉政建设和反腐败斗争。镇纪委协助党委切实抓好全面从严治党主体责任，厘清“四份责任”清单，将党风廉政建设责任分解明确到班子领导，细化延伸到基层党组织，形成“谁主管、谁负责，一级抓一级，层层抓落实”责任传导体系。制定下发《浏河镇2020年度村（社区）党风廉政建设责任制考核细则》，以考评倒逼责任落实，确保全面从严治党“两个责任”落到实处、取得实效。

【作风效能建设】 2020年，浏河镇开展“转作风、勇担当、争一流”作风效能提

1.“四份责任”清单：全面从严治党党委领导班子主体责任清单、纪委监督责任清单、党委主要负责人第一责任清单、党委班子其他成员领导责任清单。

2.监督执纪“四种形态”：

第一种：党内关系要正常化，批评和自我批评要经常开展，让咬耳扯袖、红脸出汗成为常态。第二种：党纪轻处分和组织处理要成为大多数。第三种：对严重违纪的重处分、作出重大职务调整应当是少数。第四种：而严重违纪涉嫌违法立案审查的只能是极少数。

2020年3月9日，浏河镇作风效能建设动员大会召开（镇党政办供稿）

升年活动，镇纪委紧扣活动部署，引入第三方专业机构，每月开展作风效能监督，实现全镇机关、村（社区）、国资公司作风督查全覆盖。围绕节假日时间节点，开展“清风行动”专项督查4次，坚决遏制“四风”问题反弹。对太仓转变作风“曝光台”曝光反映的作风问题，从严从速解决，跟进监督问责。深化运用监督执纪“四种形态”，特别是“第一种形态”，对苗头性倾向性问题及时予以谈话提醒，全年开展日常沟通谈话213人、诫勉谈话4人、警示谈话2人、提醒谈话14人、勤政廉政半月谈35人、批评教育1人。

监督执纪

【专项监督检查】 2020年，浏河镇纪委立足“监督的再监督”职责定位，开展靠前监督、精准监督。面对突如其来的新冠肺炎疫情，深入村（社区）等疫情防控工作第一线，对疫情防控措施落实、防控资金和物资管理使用情况开展专项监督，有序推动复工复产复市复学。同时，全力护航重点项目建设，督促浩达商贸物流等市级以上重点项目按期开工。开展安全生产大排查、大整治专项监督，聚焦26个重点行业领域。督促镇安监、环保等部门切实履行监管职责，落实闭环管理，隐患整改完成率100%。开展镇村工程项目建设情况专项监督检查，制定村级工程及采购项目政策解答汇编。专项督查农村集体“三资”管理，杜绝小微权力“任性”，切实维护群众利益。围绕村（社区）“两委”换届，以嵌入式监督全力保障换届工作。聚焦文明城市创建，深入开展点位督查，确保立行立改。开展民生实事项目监督，推进东方幼儿园等教育项目建设，切实为群众办实事、办好事。

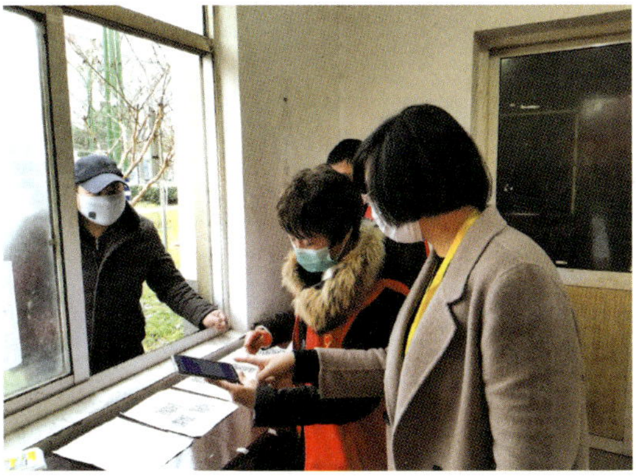

2020年2月28日，浏河镇纪委书记王莉监督检查社区疫情防控措施落实情况（仲娟摄）

【违纪案件查处】 2020年，浏河镇纪委高度重视群众来信来访，及时受理、妥善处置，确保件件有回复。坚持问题导向，聚焦基层小微权力，紧盯群众热切关注，从严查处群众身边的不正之风和腐败问题，累计查处违纪党员12人，其中行政处罚类立案处理党员6人，自主立案查处违纪党员6人。完成容错纠错案例1例，公开通报形式主义、官僚主义问题典型案

2020 年 10 月 13 日，浏河镇纪检监察干部参观太仓市纪法教育基地（仲娟摄）

例 4 起，公开通报群众身边腐败和作风问题典型案例 1 起。对 4 名受党纪处分的同志进行回访恳谈，帮助受党纪处分人员重拾初心、继续奋斗。

【廉政宣传教育】 2020 年，浏河镇纪委围绕“清浏”勤廉品牌主线，建强用好廉政教育载体，着力构筑党员干部“不想腐”的思想防线。将党章党规党纪纳入镇党委理论学习中心组学习内容，书记带头上纪律教育党课，充分发挥领导班子廉洁从政“头雁”作用。采用“云领读 + 谈感悟”的形式，开展党员干部勤廉领读线上学习活动，提升廉洁从政能力素质。组织全镇纪检监察干部参观太仓纪法教育基地，强化党性、法纪和廉洁意识。开展家风故事诵读、微型勤廉党课评比等系列宣传教育活动，有效推动全镇党员干部在学思悟践中坚定理想信念、强化实干担当。形成廉政提醒制度，每周向二级干部发送廉政短信，累计发送 4000 余条。将党风廉政建设经验和成效外化为宣传成果，在各类报刊投稿并被录用 22 篇。组织参加全市“廉砖 · 我爱廉”宣传教育系列活动，获评优秀组织奖。

（仲娟）

群众团体

工　会

【概况】 2020年，浏河镇总工会做好基层工会组织建设、职工权益保障、机制完善及和谐劳动关系构建、困难职工帮扶、工会干部及职工能力提升、职工文体活动及安全生产等职工工作。至年底，全镇建有独立工会165个、村（社区）工会联合会15个（涵盖全镇834家企业），28家基层工会换届。镇总工会完成太仓工会综合管理服务平台信息录入工作，信息完善率85%以上。全年新建独立工会3家。

【慰问帮扶】 2020年，浏河镇总工会共走访慰问劳模6人，调查汇总各级劳模特殊困难情况，全年共申报困难劳模8人。完成职工专享保障申请2人，上报职工互助基金申报补助资料4人。10月22日，携脱贫职工代表参与全国总工会安排的困难职工座谈会，完成解困脱困调查工作。

【职工权益维保】 2020年，浏河镇总工会推行“要约行动”（工会发出要约邀请，企业应约并开展集体合同的签订等相关工作），工资集体协商工作不断扩面建制和提质增效。太仓敬富塑胶制品有限公司、苏州巨能发电配套设备有限公司获评“苏州市集体协商质效评估三星级企业”。

【建功新时代】 2020年，浏河镇总工会深入开展“工人先锋号”“五一劳动奖章”等创建活动。苏州铃兰医疗用品公司试验

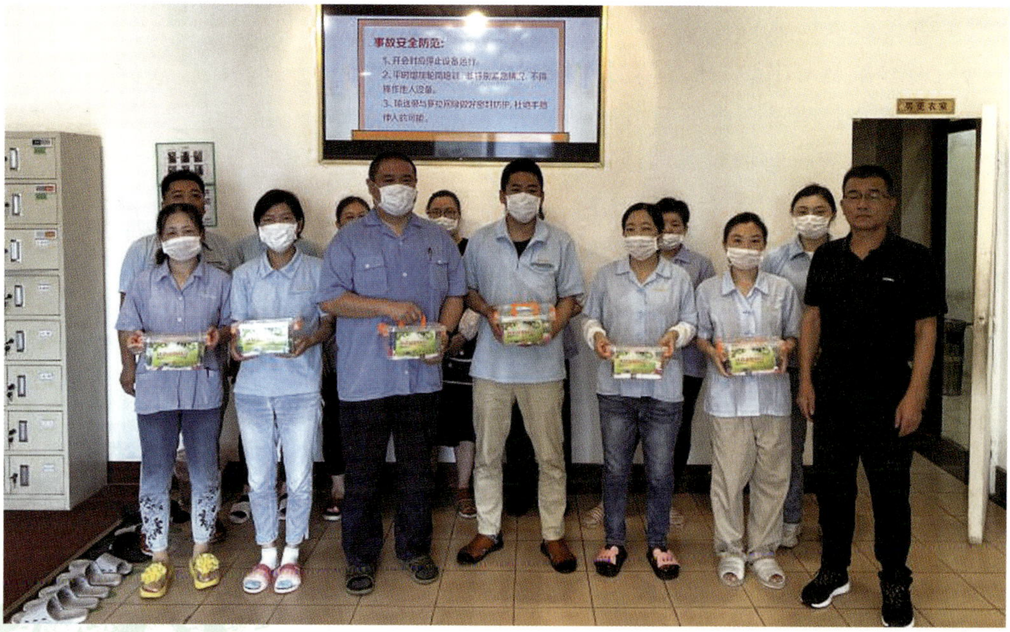

2020年7月31日，浏河镇总工会在苏州铃兰医疗用品有限公司为高温作业职工送清凉（镇总工会供稿）

室获评“苏州市工人先锋号”，太仓富田瑞兰得电机有限公司边小飞获得苏州市五一劳动奖章。苏州贯龙电磁线有限公司获评“苏州市模范职工之家”。太仓敬富塑胶制品有限公司获评“苏州市模范职工之家示范单位”，其工会主席获评“苏州市优秀工会工作者”。全镇获评“苏州市最美劳动者”职工 61 人。

【工会活动】 2020 年，浏河镇总工会以“抗疫情、促生产、做先锋”为主题，开展线上答题、职工健步走、工会主席沙龙、优秀工会人员评选等系列活动，激发职工干事热情。联合安监部门举办“安全生产月”活动启动仪式，牢固树立安全发展理念。依托邢少兰艺术馆的设施功能，联合镇文联开展书法、绘画公益培训活动。开展厨王争霸赛、叉车技能竞赛。开展“送法进企业”宣讲活动，为企业职工开展“送课进企业”班组长培训。

（李舒）

共青团

【概况】 2020 年，浏河镇共青团有直属团总支 1 个、团支部 143 个，团员 1798 人。新发展团员 40 人，专职团干部 1 人，兼职团干部 181 人。

【组织建设】 2020 年，浏河镇召开共青团浏河镇第十七次代表大会，回顾总结浏河镇第十六次团代会以来的工作，研究部署今后三年的工作，选举产生共青团浏河镇第十七届委员会委员和出席太仓市第二十一次代表大会代表，进一步动员全镇各级团组织和广大团员青年立足岗位，凝心聚力，开拓创新，使共青团工作更好地融入全镇改革发展大局。结合《团支部工作清单制度》，开展浏河镇团总支、团支部星级评定、对标定级工作，查摆问题并进行整改，运用信息化手段，推动团的基础工作规范化、精细化。

【青年学习】 2020 年，浏河镇团委结合“激扬青春勇担当，砥砺奋进新时代”五四活动主题，依托青年学习社、青年之家阵地，以共青团助力“四大两提一进”、新时代共青团奋斗精神为主题，开展各类青春宣讲会、青春大讨论、初心课堂 22 场，征集活动征文 36 篇，激励广大青年在改革建功中勇当先锋，用奋斗的青春书写绚丽的华章。动员团员青年参与“青年大学习”主题团课，每周线上学习 400 余人。开展基层团干部培训活动，通过交流、学习、感悟，引导团干部了解掌握基础团务，学懂、弄通、做实基层团工作。

【青春风采】 2020 年，浏河镇团委依托好青年寻访，夯实干事创业之基，选送东仓村胡嘉霖参评并获得 2020 年苏州市级、太仓市级“三新四创”好青年荣誉，青益

2020 年 4 月 27 日，浏河镇举办“激扬青春勇担当，砥砺奋进新时代”五四主题团日活动（镇团委供稿）

2020 年 12 月 24 日，太仓市河小青共建幸福河志愿服务行动启动（浏河镇供稿）

坊青年突击队获评 2020 年太仓市“优秀一线抗疫青年突击队”。组织开展浏河镇一线抗疫青年突击队、优秀共青团干部、浏河好青年评选，选树一批在干事创业、疫情防控中成绩突出的青年模范典型，发挥公益榜样力量。

【青年公益】 2020 年，浏河镇团委面对严峻的新冠肺炎疫情，第一时间发布志愿者招募令，各行业青年党团员志愿者 200 余人踊跃报名加入青益坊青年突击队，在与时间赛跑、与病魔较量中，不负青春韶华，释放使命担当的青春力量。典型事迹获《中国青年报》、“学习强国”平台在线报道。在创建全国文明城市的迎考冲刺年中，浏河镇团委找准共青团定位，以文明交通劝导、诚信经营宣传、门前三包检查等活动为抓手，全面调动全镇广大青年志愿者参与到全国文明城市创建中来，切实营造有礼有序的社会氛围。浏河镇团委充分发挥青年志愿服务独特优势，镇属志愿者品牌青益坊围绕生活垃圾分类、农村人居环境整治、长江大保护等工作主题，开展志愿服务活动10次，注册志愿者456人，志愿服务时长8473小时。

【青少年成长】 2020年，浏河镇团委依托联青服务站实现服务重点青少年常态化，青年干部结对服刑在教人员未成年子女、农村留守儿童等困难青少年群体，每月走访关注重点青少年33人，结合儿童节、中秋节、春节等节日开展慰问帮扶活动；针对辖区内“事实孤儿”等困境青少年建立健全“一对一”联系保障机制，做到“月走访、季关怀、四服务”，推动“童享阳光”牵手关爱活动深入实施。

（林岑晔）

妇联

【概况】 2020年，浏河镇妇联加强党建引领，充分发挥基层妇联组织作用，持续用力抗击疫情。推出“疫路有你，最美巾帼”活动，评选最美巾帼逆行者42人。推进“美丽庭院”“巾帼新时代文明实践特色项目”等创建活动。实现全镇15个村（社区）妇联组织全覆盖，镇妇联和村（社区）妇联工作经费纳入财政预算。开展法律宣传、技能提升、女性素养等培训。完成53个重点关护人群走访工作。报送信息123篇，省级平台录用24篇。开展妇联工作实务培训，提升服务妇女儿童、服务浏河高质量发展的能力和动力，以新思路、新方法、新能力做好新时期妇女工作。

【妇女儿童合法权益维护】 2020年，浏河镇妇联通过镇村两级联动、多措并举，深入探索基层妇女儿童维权、发展工作，构建妇女儿童维权工作新格局。在村（社区）妇联干部队伍中成立妇联调解团队，开展法律知识及调解能力培训16场。依托“婚姻家庭纠纷调解示范点”“反家暴工作室”等平台，化解家事纠纷10起。全年接待来访、来电咨询15件。

【关爱帮扶活动】 2020年，浏河镇妇联通过搭建女性创新创业新载体、女性就业

2020年8月19日，浏河镇妇联联合渔村社区举办“爱在七夕 ‘渔’生有你”亲子活动（镇妇联供稿）

2020 年 8 月 21 日，浏河镇表彰十佳文明家庭（镇妇联供稿）

平台、关爱贫困妇女儿童平台，丰富妇女儿童业余文化生活，关爱妇女儿童。举办创新创业分享交流会 1 场，通过信息分享、沟通交流、技能培训，让创业女性了解浏河镇创业优势。举办“三八架金桥，春风送岗位”女性专场招聘会。招募“太仓妈妈”8 名，结对玉屏贫困儿童 8 名，每年给予每名贫困儿童助学金 1000 元。

【家庭文明建设】 2020 年，浏河镇妇联通过寻访、挖掘、宣传 3 种形式，在全镇范围内推广、评比文明家庭，评选出镇级文明家庭 10 户，获评苏州市孝老爱亲最美家庭 1 户。

（陈丽英）

残　联

【概况】 2020 年，浏河镇持证残疾人 1088 人。其中，重度残疾 476 人，三、四级残疾 612 人。镇残联配备专职委员 1 人，15 个村（社区）配备残疾人专职委员各 1 人。全年投入各项保障经费 63.4 万元。

【残疾人就业保障】 2020 年，浏河镇镇级残疾人之家稳定运行，新增入驻残疾人 5 人，共有登记在册残疾人 19 人。开展烘焙、文体、培训等各类活动 13 次，221 人次参与活动。全年工疗产值 4.1 万元。疫情期间，社工将工疗原料送至残疾人家中，为残疾人收入提供保障。

【残疾人社会保障】 2020年，浏河镇申请发放重度残疾人托养服务护理补贴6人2.15万元，机动轮椅车燃油补贴13人3380元，听力言语残疾人信息费补贴24人7200元，助听器补助5人5600元，假肢矫形器补助4人2.05万元，儿童康复补贴18人32万元，精神病人免费用药卡26张，残疾人代步车5辆；换发残疾证58人。疫情期间，共发放辅助性就业人员补贴2700元。

【残疾人重点工程】 2020年，浏河镇“幸福亮居”工程改造低保残疾人家庭环境1户，包括粉刷墙面，更换老旧电线，安装灶台、抽油烟机、卫生间台盆，更换抽水马桶等，投入6660元。

【残疾人文体活动】 2020年，浏河镇组织残疾人参加各项文体活动及比赛。开展残疾人观影和各类宣讲活动12次；组建一支14名残疾人组成的舞蹈团队，为残疾人文艺注入新活力。

（顾健）

商　会

【概况】 2020年，浏河镇商会围绕镇经济社会发展要求，结合企业发展需要，把握大局，凝聚共识，履职尽责，充分发挥商会沟通桥梁作用。至年末，浏河镇商会在册会员180家，理事28家，大部分为本地民营企业。

【会员活动】 2020年，浏河镇商会服务社会大局。2月，看望慰问坚守在新冠肺炎疫情防控一线的工作人员。浏河派出所三级警长位洪明同志在疫情防控一线连续奋战，突发疾病牺牲。镇商会组织募捐活动，慰问位洪明同志家属。7月，组织商会部分企业家至浙江杭州体检。8月，组织召开会员企业座谈会，增强会员单位之间交流，提升团体凝聚力。发动会员企业助力慈善事业，为浏河镇慈善会捐款20万元。

浏河镇商会发动会员企业为镇慈善会捐款（镇社会治理和社会事业局供稿）

（李连峰）

关工委

【概况】 2020年，浏河镇关工委以组织、指导村（社区）关工委开展“爱党爱国 立德之行”主题教育活动为主线，在做好防疫抗疫工作同时，推进太仓市政府2020实事工程——校外辅导站规范化建设。保障全镇15个辅导站均配置8台以上电脑。完善东仓村和新塘社区2个市级示范辅导站功能设施。

2020年7月28日，太仓市关工委为东仓村校外辅导站“娄城关爱”班上课（镇关工委供稿）

【辅导站活动】 2020年，浏河镇关工委精心安排，聘请27名在职教师进校外辅导站担任辅导员，全年为辅导站提供德、智、体、美、劳等课程224课时。全镇辅导站上课及活动470余次，参与1.2万人次。在东仓村和新塘社区举办2个暑期“娄城关爱”班，共上课256节，有参课学生7000余人次。

（张赞忠）

军事法治

人民武装

【概况】 2020年，浏河镇坚持以党在新形势下的强军目标为统领，坚持把政治建设作为首要任务，以军事斗争准备为核心，突出举旗铸魂，聚焦练兵备战，全面贯彻落实党管武装各项制度机制，完成民兵整组、民兵训练、抗疫工作、基层武装规范化建设和征兵工作，促进经济建设与国防建设协同发展。疫情期间，动员全镇民兵投入疫情防控工作，在各战线发挥骨干作用。

【组织整顿工作】 2020年6月，浏河镇完成上级军事机关基干民兵点验、检查验收。9月，迎接江苏省军区检查。12月，迎接中央军委国防动员部检查。

【军事训练工作】 2020年，浏河镇围绕民兵担负使命任务，树立真打实备思想，坚持以战斗力为标准，从实战需要出发，从难从严组织训练，提高民兵军事训练水平。6月，组织防汛抗洪连民兵、无人机分队民兵参加苏州军分区组织的专业集训。7月，组织基干民兵应急排、民兵营长、“四会”（会讲、会做、会教、会做思想工作）教练员集训。9月，组织民兵骨干参加太仓市人武部组织的学生军训。10

2020年4月，浏河镇基干民兵开展复学前消杀（彭峰摄）

月，选拔民兵骨干担负太仓市全体新兵役前集训任务。11月，组织应急连民兵参加太仓市武装部组织的专业训练。12月，组织网络分队民兵参加苏州军分区组织的专业集训。

【兵员征集工作】 2020年，浏河镇按照上级征兵工作总要求，完成新兵征集任务，大学以上文化程度新兵占比85%，高学历新兵人数创境内历史新高。

【日常战备工作】 2020年，浏河镇按上级要求组织民兵担负战备值班、防汛抗洪、应急处突等工作，完成各类急难险重任务。6月，组织民兵防汛抗洪拉动演练。10月，组织基干民兵担负节日战备值班任务。

（彭峰）

民　防

【概况】 2020年，浏河镇民防工作贯彻“长期准备、重点建设、平战结合”方针，坚持民防建设与经济建设协调发展，推进7个社区、8个村民防建设。设立民防工作站以及民防应急疏散避难场所，做好民防宣传工作，落实民防宣传阵地。

【民防建设】 2020年，浏河镇推进基层民防建设，完善民防指挥和警报通信体系。组建民防志愿者队伍520人，制订

2020年5月19日，复兴社区开展消防应急演练（徐丹摄）

各村（社区）民防应急预案，发放应急预案手册1.46万册，制作民防宣传橱窗30块，依托微信公众号推送民防信息，参与暴雨抢险救灾4次，开展公共场所消杀活动1次，举办民防知识讲座35场，组织应急逃生演练24次，添置民防应急器材设备253件。

（李洁）

司法行政

【公共法律服务】 2020年，浏河镇公共法律服务工作站设置法律服务、非诉服务、综合服务、人民调解、法律援助、法治宣传办事窗口6个，为困难群众办理法律援助42件，工作人员、值班律师（值班时间为每周一上午，节假日除外）接待来电来访咨询437批次。成立浏河镇非诉讼服务中心，综合运用人民调解、行政调解、律师调解、访调对接、信访代理等方式，促进民事、家事、行政等领域纠纷多元化解。推进“数字法治　智慧司法”信息化建设，配备互联网无人律所、自助公证一体机、掌上公共法律服务平台触摸屏、普法宣传屏、远程人民调解系统、远程视频会见系统等设备。各村（社区）公共法律顾问签约率100%，服务平均满意率95.76%。

【法治宣传教育】 2020年，浏河镇司法所重点宣传教育《民法典》颁布、疫情防控、务工人员权益保护、扫黑除恶、垃圾分类等方面内容，围绕“暖阳一号”“春风行动”“五月的阳光”“爱在金秋”等主题活动，把握“国际妇女节”“消费者权益日”“4·8司法日”“全民国家安全教育日”“国际劳动节”等节点，开展法治宣传活动35场。编印发放《惠企利民涉疫法律实务知识赋能手册》《疫情防控德法练习簿》《浏河普法“民法典专题”公民读本（五）》等法治宣传品8万件。为太仓市浏河镇新塘小学配备德法宣传户外大型彩色电子显示屏，与太仓市明德初级中学共建“德法相伴　健康成长”品牌，交接德育法治类图书800余本，实现辖区4所中小学法治校园结对共建全覆盖。按节点更新村（社区）法治橱窗、勤廉法治文化公园、滨江湿地公园健康法治人生步道等镇域法治文化阵地宣传内容，建成张桥村新时代文明实践法治文化苑。遴选培育村（社区）法律明白人47人。指导浏南村、何桥村、新闸村、闸北村、张桥村、新塘村、新塘社区通过“省级民主法治示范村（社区）”复核测评，东仓村被列入第14批省级“民主法治示范村”名单。

【人民调解】 2020年，浏河镇司法所开展人民调解“百日会战”专项行动。全年镇、村（社区）两级人民调解委员会调处各类矛盾纠纷550余起，标的总额逾4000万元，涉及重大疑难复杂矛盾纠纷4起。新冠肺炎疫情防控期间，调处拖欠50余名务工人员工资总额近200万元的重大纠纷。开展“大排查、早调解、护稳定、迎国庆”行动，做好重大节点安保工作，矛盾激化“民转刑”事件零发生。快调妥处渔港码头涉及几十家冷库近百艘渔船数千从业人员的重大群体纠纷并获渔业从业人员集体赠送锦旗。贯彻落实《太仓市房地一体农村不动产登记工作实施细则》，在市域率先启动相关农户矛盾纠纷调解工作。开展镇、村（社区）人民调解员业务培训2期。人民调解员获评“2020年度苏州市人民调解工作先进个人”1人，获评“2020年度太仓市优秀人民调解员”2人。

【社区矫正】 2020年，浏河镇司法所做好重大节点走访排查和值班工作，加大对社区矫正对象警示管控、教育帮扶的力度，组织线上“蓝信”和线下集中学习《社区矫正法》及疫情防控、扫黑除恶、垃圾分类等方面法律法规和政策。结合运用专网管理系统，落实“一人一档”“见面听声”“日定位、周电话、月汇报”“双八”“定期和突击走访”等制度措施，开展“攻心”行动，落实治本安全观，关怀服务社区矫正对象，收到解矫人员送来的锦旗1面。全年入矫23人，解矫25人，在册社区矫正对象17人，落实重点管控1人。

【安置帮教】 2020年，浏河镇司法所对患有精神疾病且具有重大社会危险性刑满释放人员持续推进后续帮扶计划，解决其生活居住矛盾，缓和其与家人紧张关系，鼓励和支持其自立自强、自主创业。在其受新冠肺炎疫情影响导致创业受挫之际，联合相关部门及社区进一步加大帮扶力度，与法律服务所“所所对接”为其提供法律帮扶并出资捐助。安置帮教在册人员121人，其中重点人员8人，落实“必接必送”接回刑满释放人员2人。

【疫情防控】 2020年，浏河镇司法所全体工作人员加班加点连续奋战，开展新冠肺炎疫情防控法治宣传、涉疫矛盾纠纷调处、外来人员情况摸排、数据统计报送、居家隔离人员日常服务、集中隔离点服务管理等工作。司法所党支部书记、所长陈宝国担任浏河镇新冠肺炎疫情防控集中医学观察点负责人，在家中亲属遭受重大意外需要长年看护的情况下，他连续9周无休，带队确保观察点紧急筹建、平安运行直至关闭，服务隔离观察对象400余人，成功化解心理失衡观察对象过激行为。陈宝国获评“苏州市‘最美劳动者’”“太仓市‘敬业奉献好人’”“全市司法行政系统优秀共产党员”“浏河镇新冠肺炎疫情防控工作优秀共产党员”。司法所党支部被评为“太仓市司法行政系统先进党支部”。

（鞠浩）

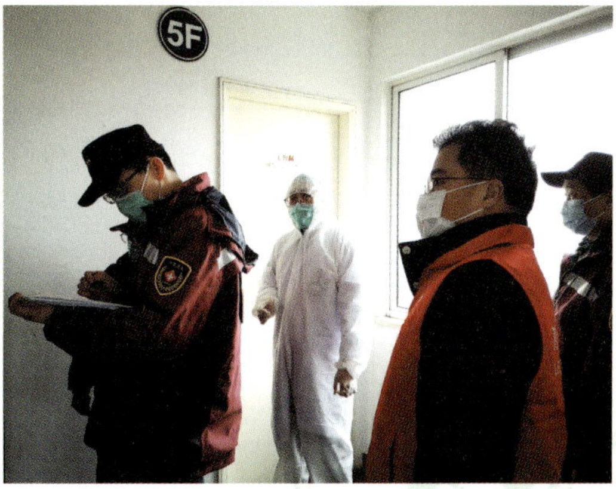

2020年初，太仓市新冠肺炎疫情防控指挥部到浏河镇集中医学观察点检查工作（殷为君摄）

综合治理

【矛盾纠纷排查化解】 2020年，浏河镇定期组织召开矛盾纠纷排查化解工作会，化解苗头隐患。选派2名工作人员参加人民调解员孵化培育，提高基层调解队伍素质。开展社会稳定风险评估，全年开展稳评项目12个。

【平安志愿者活动】 2020年，浏河镇常态化开展平安志愿者活动。全年开展平安志愿者活动500次，团队服务时长1.35万小时。

【社会治安防控体系建设】 2020年，浏河镇在37个小区新增人脸识别摄像头142个，全镇封闭式小区人像抓拍覆盖率100%。推进社会面（住宅小区）视频监控与联动平台联网工作，36个小区物业监控接入联动平台。

【重点地区整治】 2020年，浏河镇综治部门联合浏河派出所加强整治天妃宫附近卖淫嫖娼现象，结合疫情防控期间流动人员管理，加强附近流动人员登记、检查。全年开展专项行动11次，抓获涉案人员30人，教育放行17人，行政拘留10人。

【护路护线】 2020年，浏河镇积极开展涉及铁路矛盾纠纷调处，年内调解涉及铁路矛盾纠纷8起。排查铁路沿线2.5千米范围内废品回收点，登记废品回收点78个，相关责任人均签订安全承诺书。加大爱路护路宣传，到太仓市浏河镇新塘小学、太仓市明德小学进行专题宣讲。在浏河镇张桥村举办“护路护线　创建平安”专场文艺演出，扩大社会面宣传力度。

【扫黑除恶专项斗争】 2020年，浏河镇扫黑除恶专项斗争领导小组办公室严格落实各项工作措施，整改落实中央扫黑除恶第三轮督导“回头看”反馈意见。年初，与成员单位签订扫黑除恶责任书，将责任压实到位。加大涉黑涉恶线索排查，报送线索月报表。4月，接到新塘村村民一条疑似套路贷线索举报，上报太仓市金融专班处理。

（谢建华）

综治联动

【联动机制建设】 2020年，浏河镇集成指挥中心深化联动机制建设。全年受理各类案件23059件（含简易案件），处置率99.8%，12345信访类满意度97.4%。其中，“两违”案件共计379起，处置完成375起（含存量挂起），拆除新增违建约

8582 平方米。

【网格规范管理】 2020 年，浏河镇集成指挥中心拓领域、明职责，推动网格业务再创新高度。网格员按照中心梳理出的 276 条巡查内容开展日常工作。全年更新房屋信息 13842 条；走访重点场所 770 场次、“九小场所” 1242 场次、合租房 1192 户，发现并上报场所内消防安全隐患点位 24 个；走访重点人员 1909 人次；摸排化解矛盾纠纷 496 起；开展国土复垦地块巡查 4822 次，发现违法侵占问题 4 起；完成农房拆违房屋信息采集 742 户。疫情防控期间，摸排房屋 47942 户，更新、采集实有人口信息 64661 人。

【“智慧浏河”系统建设】 2020 年，浏河镇集成指挥中心优化指挥中心系统，确保与行政审批局新系统的数据互通，并同步将动态预警数据推送至相关领导账号。开发疫情期间人口信息采集、住户用电异常数据在线分析并预警推送、农村辅房拆违采集、文明城市创建督察案件流转、国土复垦地块日常巡查、原宅翻建日常巡查等功能，在开发过程中注重系统与实际业务的结合运用，形成图斑数据导入系统、网格员按规则巡查打卡、发现问题闭环处置的业务处理基础流程。深化镇村治理一张网内涵，梳理任务清单 1 份、制定考核规则 1 套。增补高空瞭望摄像机 10 处，做到全镇区域空中监管无死角。完成指挥中心机房改造，后台数据库迁移云服务及“智慧浏河”系统二级等级保护测试评估等网络安全专项工作。

（谢建华）

公共安全

【治安工作推进】 2020 年，浏河派出所以安保维稳为主线，着力维护社会大局稳定。紧盯情报信息，严防政治安全事件发生；紧盯重点人员，严防漏管失控事件发生；紧盯公共安全，强化社会面巡防检查力度；紧盯矛盾纠纷，强化源头化解稳控力度。浏河辖区内未发生一起危害社会稳定事件。

【创新服务机制】 2020 年，浏河派出所秉承“走进群众、服务群众”理念，定期组织民警深入辖区校园、社区、企业和事业单位开展应急逃生演练，开展防盗、防火、防灾害和法治宣传等特色主题活动，提升群众法治意识和安全防范意识。组织社区民警结对帮扶辖区内孤寡老人、贫困家庭和困难儿童，定期看望帮扶的辖区困难家庭，做实做细服务举措。

【疫情防控工作】 2020 年，浏河派出所严保稳定，织密疫情防控“平安网”。联合防疫相关部门，宣传防疫防护知识，专项清查外来人员，全面安全检查复工复产企业，督促落实各项防护措施。隔离管控疫区返回全部人员近 1000 人。

【打击刑事犯罪】 2020年，浏河派出所侦破刑事案件157起，打击处理176人，行政处罚233人。全年通信网络诈骗案件立案174起，较上年上升64.2%；破案44起，总案值489.11万元，较上年上升110%。

【科技强警】 2020年，浏河派出所辖区有监控1976个，其中治安监控856个、高清人脸抓拍监控219个，实现辖区内居民小区和超市、广场等人流量较多区域进出口监控全覆盖。

（朱海平、高明胜）

消防减灾

【概况】 浏河镇专职消防救援站位于浏河镇郑和大街27号，营区营房建设符合城市消防站建设标准。2020年，站内有消防员18人，各类消防车5辆（小五十铃水罐消防车、豪沃泡沫水罐消防车、奔驰泡沫水罐消防车、32米登高平台消防车、蔓恩抢险救援消防车）。消防车总载水量27.1吨，总载泡沫量6吨，器材装备配备齐全，所有人员、车辆、器材、装备纳入“119”指挥调度系统，由太仓市公安消防救援大队负责管理。中队辖区面积约68平方千米，东到长江边，西到临港路，南到沪太路洋桥卡口，北到苏州东路，主要为郑和大街、闸北路、滨江路、沪太路。辖区内二级重点单位22家、三级单位15家。全年参加太仓市公安消防救援大队组织的体能竞赛4次，获得团体第一名1次、第三名1次，单项第一名2次、第二名2次、第三名1次。

2020年3月20日，浏河消防站收到苏州金管家物业送来的锦旗（宋健平摄）

【消防处置】 2020年，浏河镇专职消防救援站接警80起，较上年上升22起。其中火灾77次、抢险救援1次、社会救助2次。出动车辆276车次，人员1196人次。无火灾亡人事故，无因火灾引起的重大财产损失。全年开展消防演练96次，其中夜间演练32次、联合演练8次，组织单位培训31次。修订数字化预案23份，重点单位熟悉卡30份。根据消防站装备及辖区产业结构特点，组织开展作战单元训练，完善消防站独立作战体系。针对辖区重点单位、人员密集场所、小区街道、农村等场所开展消防“六熟悉”52次，针对辖区消防水源、交通道路开展“六熟悉”52次。清点辖区内市政消火栓231个，并除锈、上黄油、刷漆。检查整改辖区单位内部消火栓356个。

【专项行动】 2020年，浏河镇专职消防救援站深化消防宣传“七进”（进机关、进学校、进社区、进企业、进农村、进家庭、进网站）工作，推进社会化消防宣传。全年组织宣传活动60余次，结合暑假消防夏令营、消防宣传月等，接待辖区4所学校2000余名师生参观学习，发放消防安全手册3000余册；开展消防安全知识培训，参与人员4000余人；举办消防知识培训，组织重点单位32家900余人参加培训；参与高层小区专项行动，熟悉高层小区15家。开展“防消联勤”（主要由消防执勤中队和防火监督检查单位等相关部门联合开展的集执勤、检查、宣传、培训为一体的社会面火灾防控工作新机制，通过拓宽执勤灭火中队的工作范围、整合消防灭火和防火两股力量，提升灭火和防火工作实效，开创消防工作新局面），结合“六熟悉”工作，协助防火大队开展防火检查和消防宣传，走访检查单位、门店等400余家，缓解消防检查执法力量不足问题，改善消防监督执法现状，提高社会面火灾防控能力。

2020年11月9日，太仓市明德小学学生到浏河镇专职消防救援站交流学习（宋健平摄）

2020年4月22日，浏河消防站参加琪优势化工（太仓）有限公司联合灭火演练（宋健平摄）

【专业训练】 2020年，浏河镇专职消防救援站以“九项基础体能”（400米救人疏散操、60米肩梯操、5000米背负空气呼气器跑、200米负重折返操、100米负重跑、单杠卷腹上、双杠曲臂伸、爬绳上4楼、30米负重登楼）为基础训练，以“九项基础车操”（初战快速出水控火操、枪炮协同灭火操、楼层火灾内功操、楼层火灾救人操、纵深灭火救人操、百米障碍救助操、两车三抢操、攀登15米金属拉梯操、车辆事故处置救援操）为基础操法，刻苦训练。开展“条令条例学习月”“百日安全”“纪律作风教育”“党纪条规学习月”“百日攻坚”等专项行动，保证战斗力，确保人员思想高度统一，力求“招之能战、战之必胜”。

（宋健平）

交通安全

【概况】 2020年，太仓市公安局交通警察大队浏河中队（以下简称浏河交警中队）以“压事故、保畅通”为重点，以“建一流队伍，创一流业绩，树优良警风，让人民满意”为目标开展各项工作。浏河交警中队有内勤、法治、事故、违法处理、勤务指挥、路面执勤等内设机构，民警11人（外借1人），辅警50人。

【执法为民】 2020年，浏河交警中队解决关系群众切身利益的问题，坚持为民利民便民，贴近群众落实各项民生政策，建设守信念、讲奉献、有本领、重品行、主动干的党员干部队伍，推动基层党组织由管理型向服务型转变，为群众提供合适对路的服务。年内，收到群众锦旗18面、感谢信1封。

2020年12月16日，浏河交警中队收到红旗小学师生送来的锦旗（浏河交警中队供稿）

【交通事故处理】 2020年，浏河交警中队接处警6122起，受理道路交通事故案件4966起，较上年下降17.86%。其中，涉酒事故7起，较上年下降12.5%；伤人

2020年7月6日，浏河交警中队为消除安全隐患，清理因暴雨天气倒在路上的树木（浏河交警中队供稿）

2020年12月29日，浏河交警中队为应对雨雪天气，在龙湾王大桥开展撒盐化冰工作（浏河交警中队供稿）

事故1956起，较上年下降25.51%。经调解结案296起。

【交通违法查处】 2020年，浏河交警中队查处交通违法行为2.8万起，其中，醉酒驾驶13起、饮酒驾驶52起、再次饮酒驾驶6起、无证驾驶68起、超载100%以上28起。查处非机动车道路交通违法行为2.7万起，查纠镇区违法停车8000余起。

【源头管理】 2020年，浏河交警中队管理辖区"两客一危"危险品运输单位1家、普通货运企业5家，无公路客运、旅游客运、校车重点单位；对重点驾驶员（即危险品运输驾驶员）16人、货运驾驶员45人、货运车辆91辆，全方位、全覆盖开展运输企业安全执法大检查，提示落实安全主体责任。年内，检查重点单位42家次、重点车辆149辆次，约谈运输企业3次，发放整改通知书7份，开展安全教育活动22场次。

【车驾管业务】 2020年，浏河交警中队以"办事程序简便优化，办理效能优质高效，人民群众满意高兴"为工作目标，提升服务窗口形象。年内，车驾管窗口受理车辆业务办理17585件，较上年下降10.83%。其中，摩托车上牌92起，非机动车上牌2325起；处理电子警察违法案件12029人次，较上年下降15.42%，实现"零投诉""零个案"目标。

【防疫工作】 2020年，浏河交警中队前往高新区收费站及辖区各检查站开展疫情防控工作，共出动警力25人，24小时不间断检查登记过往车辆、人员信息，践行初心使命，坚定信念、迎难而上、冲锋在前，让党旗在一线高高飘扬，让党徽在一线熠熠生辉。

【交通安全宣传】 2020年，为进一步提高全民交通安全意识，浏河交警中队围绕"一盔一带，安全常在"主题，开展道路交通安全宣传工作。深入开展"五进"活动，定期到各企业、中小学、村（社区）开展道路交通安全宣传座谈会。全年开展集中宣传活动25次，发放宣传单1.2万余份。加强辖区重点区域宣传力度，制作一批重特大交通事故典型案例展板，前往浏河车站、新（老）菜场、各大超市、广场等人员、车辆密集的地方巡回展览22次，悬挂交通宣传标语20幅。组织窗口工作人员面对面、一对一提醒办事群众，开展交通安全教育。

（顾伟）

引航基地

【概况】 太仓引航基地隶属于长江引航中心，主要职责是负责进出江船舶在航交接计划的落实工作，负责引航员食宿等后勤管理工作，负责过往引航员管理工作。

2020年10月29日，太仓引航站、太仓引航基地和太仓疾控中心签订党建共建协议（卢萍摄）

2020年，太仓引航基地有在职职工12人、其他后勤人员36人，设有调度、住宿管理、食堂、车队等部门。

【在航交接】 2020年，基地交接中外籍船舶4.3万艘次，较上年增长6.76%。其中，国际航线船舶3.1万艘次，国内航线船舶1.2万艘次。陆上交通安全有序，出车1.6万车次。其中内贸5686车次、外贸10667车次，夜间7930车次。安排引航专班近2700车次，安全形势稳定。

【后勤服务保障】 2020年，基地接待引航员住宿4万人次，接待引航员用餐9.2万人次，住宿、就餐人数创历史新高，基地接待能力进一步提高，服务满意度持续提升。党建促业务融合，定期开展党员之家活动，“家锋”党建品牌文化长廊成为对内宣传教育窗口和对外形象展示窗口。

【疫情防控】 2020年，太仓引航基地主动担当责任，加强与地方政府沟通，落实防疫物资供应，提供酒精喷瓶1000余瓶，为引航提供物资保障。协调解决引航员出行、入住问题和道路检查通行问题，开辟引航绿色通道。深化常态化疫情防控工作，守好外防输入第一道防线。与太仓疾控中心党建共建结硕果，共卫国门保安全。

（卢萍）

海 事

【概况】 2020年，太仓市地方海事处浏家港海事所落实水上疫情防控，检查船舶3000艘次，确保浏河水上疫情零输入；处置水上交通事故和开展搜救行动19起，查处各类违法违章行为83起，并依法做出行政处罚；专项整治“三无”船舶19艘，配合浏河镇人民政府取缔三家油品码头无证趸船5艘。

【安全监管】 2020年，浏家港海事所检查辖区内5家普货码头68次，发现安全隐患41处，要求企业限期整改并复查验收合格。强化营运船舶违章治理，检查船舶547艘，查处船舶违章作业83起。年初，与浏河镇综合执法局、长江海事、公安等部门合作，设立浏河水上疫情检查站，检查进出浏河水域船舶3000余艘、人员7000余人，为浏河疫情防控尽心尽力。处置“三无”船舶和无证码头趸船，查处“三无”船舶19艘、无证趸船5艘。

【便民服务】 2020年，浏家港海事所针对浏河港内船舶数量较多、航道狭小、通航不畅等情况，通过实地走访协调和现场疏导，保障受限船舶安全航行38艘次，为港内企业和群众生产生活问题提供保障。疫情防控期间，联合长江海事、浏河镇综合执法局、公安等部门，走访港内船民，宣传防疫措施，保障防疫物资。

（王林豪）

2020年5月，浏家港海事所拆除浏家港石油公司码头趸船（浏家港海事所供稿）

开放型经济

招商引资

【概况】 2020年，浏河镇紧扣高质量发展要求，深入开展"项目建设攻坚年"活动，不断拓宽招商思路，主动出击，瞄准高端装备制造、汽车零部件、智能制造等发展方向，做足"强链、延链、补链"文章。全年注册外资及港澳台资9535万美元，到账外资及港澳台资3627万美元，引进内资18.04亿元。签约落户海泰新能源汽车科技、悦格电子、新泽智能机器人等超亿元项目9个。签约落户德联食品等德资项目3个，实现德资企业引进"零"的突破。项目建设加速发力，意欣智能科技、荷顿智能制造、东研自动化等10个太仓市级以上重点项目加快建设，半年度开工率100%。总投资超30亿元的好博医疗、华兑金属科技、米汉纳智能机床等14个项目竣工投产。11月，举办招商引资推介会暨项目集中签约仪式，现场签约智能机器人、航空与汽车精密机械零部件等产业项目15个。

【重点项目选介】 海泰新能源汽车科技。该项目总投资10.5亿元，将建设包括研发设计、检测论证、制造服务为一体的，兼备自动化、智能化、数字化特征的新能源汽车关键零部件基地。项目建成后，预计年产值超6亿元，综合税收可达3500万元。

弘熠昇航空航天。该项目总投资5亿元，新建总建筑面积1万平方米。项目建成后，年生产航空航天零部件10万套、汽车零部件400万件、高端装备部件6万件、电机零件50万件。

（倪天飞、李连峰）

对外及对港澳台经贸

【概况】 2020年，受新冠肺炎疫情等因素影响，世界经济增长遭受较大冲击，国际市场需求乏力，浏河镇全年完成进出口总额3.50亿美元，较上年下降8.02%。

【重点出口企业选介】 太仓敬富塑胶制品有限公司。该公司于2002年6月20日成立，位于浏河镇新闸村，从事塑胶制品、各类窗帘和相关配件及五金、塑胶件涂膜生产、加工。2020年，该公司位列浏河镇外资及港澳台资企业出口额第1名。

太仓优尼泰克精密机械有限公司。该公司成立于2006年12月，位于浏河镇新闸村，经营范围包括设计与制造石油勘探、钻井、集输设备（包括工作水深大于1500米的浮式钻井系统和浮式生产系统及配套海底采油、集输设备）等。2020年，该公司位列浏河镇外资及港澳台资企业出口额第2名。

（倪天飞、李连峰）

经济发展

种植业

【概况】 2020年，浏河镇水稻播种面积突破1415.60公顷，单产619.60千克/亩（1公顷≈15亩，下同），总产1.32万吨；夏收小麦种植面积1211.93公顷，单产335.70千克/亩，总产6102.69吨；常年性蔬菜面积稳定在407.33公顷，单产1027.82千克/亩，总产1.26万吨；季节性蔬菜面积保持在350.80公顷，单产1030.93千克/亩，总产1.08万吨；林果种植面积80.83公顷，单产913.16千克/亩，总产1107.21吨。

【林果】 2020年，浏河镇林果种植面积80.83公顷。其中梨32.67公顷，产量551.25吨；桃22.80公顷，产量367.99吨；枇杷2.80公顷，产量5.17吨；蓝莓10公顷，产量29.70吨；其余果林12.57公顷，产量153.10吨。

【植物保护】 2020年，浏河镇测报病虫害155次，开展大田调查33次，调查水稻266.67公顷、小麦190.67公顷、蔬菜58.73公顷，编写病虫情报16期，免费为农户配送农药350瓶，清除一枝黄花22.67公顷。

【农业机械化】 2020年，浏河镇有正常使用轮式拖拉机90台、插秧机54台、植保机26台、收割机20台、烘干设备36台、无人机15台，农业耕作全程机械化率98%。夏收夏种、秋收秋种农事作业机械化率100%，其中36台烘干机烘干稻麦1.46亿吨。

【农产业务培训】 2020年，浏河镇组织农机安全检查6次、夏忙农机安全会议1次、农机维修培训2次；承办太仓市秋收秋种机械化农机现场会1次，展示新式农机具9款。组织参加太仓市农业农村局培训15次，培训职业农民450人次。

【农产品质量】 2020年，浏河镇完成农产品质量安全监督巡检65次、安全检查24次、农药残留快速检测522次、综合检测60次，合格率100%；蔬菜、粮食、林果等农产品质量安全指标均符合上级部门要求。

【惠农补贴】 2020年，浏河镇耕地地力保护补贴面积2145.85公顷，补贴金额386.25万元，涉及农户5030户。休耕面积133.54公顷，补贴金额51.03万元。良种补贴面积1115.93公顷，补贴良种6.71万千克。稻谷补贴面积1345.18公顷，补贴金额201.78万元。生态补偿面积1550.87公顷，补贴金额975.92万元。湿地生态补偿面积6公顷，补贴金额100万元。农机购置补贴55.42万元。

【供销】 2020年，浏河镇供销合作社配送化肥897吨、农药301万元，回收废弃瓶（袋）15.84万只，回收物总金额3.10万元。

夏收（镇农村工作局供稿）

麦田体验农耕（镇农村工作局供稿）

新型职业农民培训（镇农村工作局供稿）

【高标准农田建设】 2020年，浏河镇完成东仓、何桥、新闸、新塘4个高标准农田建设项目共计365.07公顷（其中农田面积236.13公顷），投资约3640万元，至年末均已投入使用。

【秸秆综合利用】 2020年，浏河镇小麦秸秆还田面积1196.57公顷，还田率99%；水稻秸秆还田面积1249.16公顷，还田率70%，收储稻秸秆2000余吨，综合利用率98%；依托中央农作物秸秆综合利用试点项目，采购秸秆收储体系机械及秸秆基料化机械53台。

【农业面源污染项目】 2020年，浏河镇继续推进江苏省太仓市农业面源污染综合治理试点项目，项目涉及东仓、何桥、新闸、万安、张桥、新塘等行政村6个，实施面积2666.67公顷（其中耕地面积2393.33公顷），总投资3754.18万元。至年末，机械设备采购全部安装到位且通过验收，4个配套工程完成竣工验收，处于跟踪审计阶段；社会化服务体系建设项目处于招标阶段。

（欧阳玥琰）

养殖业

【水产养殖】 2020年，浏河镇水产养殖面积41.60公顷，主要为扣蟹、美国鲥鱼、四大家鱼（青鱼、草鱼、鲢鱼、鳙鱼）等。扣蟹养殖面积18公顷，单产300千克/亩；美国鲥鱼养殖面积4.67公顷，单产260千克/亩；成鱼养殖面积17.26公顷，单产750千克/亩；其他养殖面积1.67公顷，单产200千克/亩。

【稻田综合养殖】 2020年，浏河镇新增稻田综合种养面积2公顷。全镇“稻虾蟹”面积29.33公顷，涉及东仓、何桥、新闸、闸北、新塘5个村，每亩净收入2500元。

【畜牧生产】 2020年，浏河镇有规模养殖奶牛场2家，年末存栏奶牛1550头。全年出栏生猪213头、羊160头、家禽2800羽，年末存栏生猪164头、羊193头、家禽9015羽。

【畜禽防疫】 2020年，浏河镇防疫猪瘟660头次、猪蓝耳病660头次、猪口蹄疫1100头次，牛口蹄疫4500头次，羊口蹄疫1300头次、羊小反刍兽疫835头次，禽类高致病性禽流感 9480 羽次、鸡新城疫 8800 羽次，犬狂犬病 2700 只次。开展夏季消毒灭源工作，消毒面积 8.31 万平方米，使用消毒药物 3.05 吨。

【畜禽检疫】 2020 年，浏河镇产地检疫生猪 213 头、牛 1320 头、羊 160 头、家禽 2800 羽；屠宰检疫生猪 5.53 万头，检疫猪肉及其产品 8295 吨。无害化处理病死生猪 110 头、奶牛 25 头，确保畜禽及其产品质量安全。

【畜禽污染治理】 2020 年，浏河镇推进畜禽污染治理，实施畜禽规模养殖场污染防治“一图、一表、一册、一单”管理模式。

稻蟹共作插秧（镇农村工作局供稿）

开展网格化管理规模场 2 家、重点保留散养户 12 家，现场指导畜禽粪污处理及资源化利用 48 次，缓解养殖业带来的环境污染问题。

（欧阳玥琰）

农村集体资产管理

【概况】 2020，浏河镇辖区内有行政村 8 个，农民专业合作社 49 家，农户 9292 户，农户总人口 2.97 万人，耕地面积 2766.8 公顷，其中流转至村集体面积 2628.47 公顷，流转率 95%。至年末，浏河镇农村集体资产总额 7.58 亿元，其中经营性资产总额 2.83 亿元，非经营性资产总额 4.75 亿元。依托太仓市农村集体资产交易监管平台，全镇农村集体资产交易成交 166 宗，新签合同总金额 1665.44 万元。平台在管合同 368 宗，合同总标的 1.19 亿元。

【村集体经济】 2020 年，浏河镇村级集体总收入 1.25 亿元，其中经营性收入 6698 万元、发包及上交收入 2294 万元、投资收益 1359 万元、补助收入 1782 万元、其他收入 360 万元。全镇村级稳定性收入 9370 万元，村均 1171 万元，较上年增长 3.8%。全镇村级总支出 7891 亿元，其中经营支出 2297 万元、管理费用 1837 万元、其他支出 3757 万元。

（欧阳玥琰）

水利水务

【河长制建设】 2020年，浏河镇实现市级及以上河道6条、镇级河道25条、村级及生产河道399条河长制管理全覆盖，落实各级河长52人，其中镇级河长16人、村级河长36人。完成苏州市、太仓市市级河道“一河一策”工作任务37项，涉及工业排污、生活污水治理、河道工程整治、生态美丽河湖建设、两岸违章整治、周边环境整治、日常保洁管护、巡查执法、水文化建设、苏州一事一办、河湖两违专项整治等，其中重点任务15项、日常巡查管护维护项目22项。推进镇级河道钱泾河、老浏河整治工程，清淤3.31千米，建设挡墙护岸1.07千米。

【河道长效管理】 2020年，浏河镇保洁河道801条，总长405.54千米，实现保洁全覆盖。保洁队8支，保洁人员101人，河道巡查员4人，非机动保洁船30只，投资358.83万元。日常利用“浏河镇河道长效管护”微信群，及时发现问题并落实整改。

【防汛防旱】 2020年，浏河镇与施工筑坝单位（10处）签订河道范围内施工筑坝防汛责任状。全镇防汛抢险队伍4个，人员90人，各村（社区）落实责任人及应急抢险队伍。盘点防汛物资储备，落实防汛责任，落实24小时值班制度，应对“黑格比”等台风过境。

【水利工程建设】 2020年，浏河镇完成畅流工程5处，投资131.67万元。2019—2020年冬春水利疏浚河道22条，总长31.67千米，总土方45.24万立方米，投资3502.80万元。

【农村生活污水治理】 2020年，浏河镇按照生活污水“应收尽收、应治尽治、高标准排放”原则，完成浏南村及闸北村

老浏河疏浚中（镇农村工作局供稿）

老浏河疏浚后（镇农村工作局供稿）

264户农村生活污水接管工作。

【水资源利用与管理】 2020年，浏河镇4家自备水企业下达用水计划77.90万吨，全部为地下水，全年用水27.74万吨，征收水资源费74.90万元。

【水政监察】 2020年，浏河水利站水政监察中队转接浏河镇联动中心处理涉水案件139起，日常巡查160余次，重点打击擅自占用堤防、河湖水面、非法开挖深水井等行为，维护水事秩序。

（欧阳玥琰）

规模以上工业

【概况】 2020年，浏河镇规模以上工业企业95家，较上年增加11家，规模以上工业总产值较上年增长5.20%；实现工业利润5.08亿元，较上年增长3.78%。全年超亿元企业26家，实现产值占规模以上工业产值比重为71.21%。

【企业创新发展】 2020年，苏州贯龙电磁线有限公司获批太仓首家国家级专精特新"小巨人"企业；三樱包装（江苏）有限公司获批苏州市市级企业技术中心；苏州贯龙电磁线有限公司、苏州好博医疗器械有限公司获批太仓市科技小巨人企业；星光印刷（苏州）有限公司获批江苏省两化融合管理体系贯标试点企业；苏州巨能发电配套设备有限公司三项产品纳入省重点推广应用的新技术新产品目录。

【企业制定标准】 2020年7月23日，太仓市新星轻工助剂厂主导起草的生活饮用水用聚氯化铝国家标准正式发布。2020年2月21日，苏州好博医疗器械有限公司主导起草的气动脉冲震荡排痰设备国家医药行业标准正式发布。

（陆挺）

服务业

【概况】 2020年，浏河镇服务业稳中有进，经济总量持续增长，规模不断扩大。规模以上服务业企业33家，就业人数828人。全年完成服务业增加值53.1亿元，占地区生产总值55.0%。服务业总营业收入61.79亿元，其中房地产营业收入42.63亿元、贸易营业收入16.63亿元、其他服务业营业收入2.53亿元。房地产市场价格总体平稳，全年销售商品房面积30.03万平方米。全镇规模以上批发零售企业12家，超市卖场4家。全镇餐饮酒店300余家，其中三星级酒店2家、住宿宾馆20余家，有住宿客房1000余间。疫情期间，指导酒店、宾馆、商超开展疫情防控工作，帮助服务业企业办理复工复产。

【旅游市场】 2020年，浏河镇旅游接待总人数76.77万人次，较上年增长6%，旅游总收入10.74亿元，在51家省级旅游度假区中排第27名，剔除新增5家省级度假区的影响，较上年提升4个名次。举办“年俗文化节”“浏河时鲜创新烹饪大赛”“夜太美·为‘浏’而来”消费促进活动、“‘江风海韵 浏光溢彩’2020江海时光旅行节”等系列活动。

【安全生产】 2020年，浏河镇召开全镇加油站和商贸场所安全生产工作会议及培训4次。联合消防、公安等职能部门，重点排查加油站和商贸场所88家次，排查风险隐患问题56个，均整改完成。联合镇安监办取缔非法加油点位4个。委托第三方机构，对浏河镇5家加油站进行安全生产专项检查并跟踪整改。联合浏河镇综合行政执法局、联动中心、市场监管分局开展联合执法，巡查餐饮企业440家次，排查各类隐患问题413个，均整改完成。

（顾连君）

银 行

【中国建设银行浏河支行】 位于浏河镇复兴东街28号，有工作人员12人，经营范围涵盖公司及个人存贷款、理财、开户、结算等。2020年末，存款余额10亿元，较年初增加0.96亿元，增幅为10.62%。信贷余额12.16亿元，较年初增加0.75亿元，增幅为6.57%。

【中国农业银行浏河支行】 位于浏河镇郑和南路31号。该支行在浏河镇设有营业网点2处、自助服务区4处，有工作人员16人。2020年末，存款余额20.46亿元，较年初增加1.16亿元，增幅为6.01%。贷款余额9.25亿元，较年初增加2.62亿元，增幅为39.52%。

【中国工商银行浏河支行】 位于浏河镇新东街121号。该支行在浏河镇设有营业网点1处，有工作人员11人。2020年末，存款余额8.29亿元，贷款余额18.1亿元。

【中国银行浏河支行】 位于浏河镇郑和东路37号。2020年末，存款余额8.84亿元，较年初增加0.79亿元，增幅为9.81%。贷款余额8.4亿元，较年初增加4.02亿元，增幅为91.78%。

【中国邮政储蓄银行浏河支行】 位于浏河镇郑和南路28号。该支行在浏河镇设有营业网点2处，有工作人员12人。2020年末，存款余额6.27亿元，贷款余额

13.44 亿元。

【苏州银行浏河支行】 位于浏河镇郑和东路30号远洋广场。该支行在浏河镇设有营业网点1处。2020年末，存款余额5.34亿元，较年初增加0.59亿元，增幅为12.42%。贷款余额8.03亿元，较年初增加0.94亿元，增幅为13.26%。

【太仓农村商业银行浏河支行】 位于浏河镇郑和东路30号。该支行在浏河镇设有营业网点3处。2020年末，存款余额24.29亿元，较年初增加4.14亿元，增幅为20.55%。贷款余额14.41亿元，较年初增加0.72亿元，增幅为5.26%。

（李连峰）

全域旅游

旅游资源

【浏河古镇】 浏河古镇总面积16.9公顷，核心保护区范围6.9公顷，于2012年完成古镇保护工程。古镇以全国重点文物保护单位天妃宫为核心，整合历史建筑、河道街巷，以航海文化、郑和文化为特色。古镇以漕漕河为中轴线，中心北街与河西街分列两边，保持着"水陆并行、河街相依"的江南水乡风貌。景区内分布着娄江会馆、邢少兰艺术馆、老照片陈列馆、邵滨孙纪念馆等艺术场馆4处。改造后，漕漕河上有桥梁6座，将中心北街与河西街相连。老街内保存原貌木结构楼宇近80幢，均为明清、民国时期建筑风格，尽显古港老镇魅力。

【江滩湿地公园】 位于滨江新城七路以东，浏家港水库以西，总占地面积38公顷，绿化面积26公顷。公园内树木种类繁多，大型树木3000余株。园中钢木结构架空步道全长1.9千米，纵贯公园南北，园内建有太浏路广场、亲水平台、跌落水池等。公园中标志性景观包括：太仓市修筑海塘纪念碑，是太仓市人民战风暴、抗潮水，有力保证堤内人民生命财产安全的历史见证；"锚泊瀛涯"主题雕塑，是郑和七下西洋起锚地的象征。

【浏家港水库】 位于江滩湿地公园东侧。浏家港水库是太仓市迄今为止单项投资最大的民生工程，2010年10月开建，总投资23亿元，2012年建成蓄水，占地面积250公顷，库容375万升，可供太仓80万人口饮用25天。除蓄水功能，水库还具有生态调节和观光旅游功能，是江滩湿地公园不可或缺的组成部分。

（楼玉岚）

旅游管理

【旅游宣传】 2020年，浏河镇为扩大长江口旅游度假区品牌影响力，重新整合旅游资源，策划编印浏河镇旅游宣传折页3万份、文明旅游宣传折页2万份。为提升浏河镇知名度，完成设计制作浏河旅游相关文创产品帆布袋、雨伞、纸巾。参加太仓市文体广旅局组织的赴上海旅游推荐交流会3场。

【旅游安全管理】 2020年，浏河镇结合实际情况，不定期排查全镇旅游点、宾馆酒店、民宿安全隐患，督促企业限期整改。全年召开商贸旅游安全生产专项整治会议4次。浏河镇旅游公司在景区范围加强配备安全防护措施，完善安全管理制度，成立突发事件安全领导小组。联合镇专职消防救援站、派出所定期开展演练。景区内配备具有安保资质的工作人员，定期开展消防设备检查和更新，定时巡逻并填写安全检查表。

（楼玉岚）

旅游开发

【浏河古镇】 2020年，浏河古镇完成朱氏老宅修缮工程、百乐门门楼重建工程。启动浏河古镇二期亮化工程。完成浏河历史文化展示馆工程前期准备工作。完成浏河古镇西入口停车场扩建工程。

【七十二家村】 2020年，浏河镇完成七十二家村道路、高低压电力、弱电、给水、污水排放工程。完成海派文旅、海畔文旅和龙演精品民宿三个项目主体工程。完成自建项目大乐之野精品民宿项目地勘工程。

【全域旅游智慧系统】 2020年，浏河镇启动全域旅游智慧平台开发建设。完成构建客流大数据分析模型，实现景区内实时客流监测分析。

（楼玉岚）

节庆活动

【2020年俗文化节】 2020年1月24日—2月8日，浏河镇开展年俗文化节。结合浏河传统新春年俗文化和妈祖文化，创意诠释民俗年味，在浏河古镇布置新春文化主题街景营造氛围。后因疫情原因，新春集市、文艺汇演等均取消。

【2020浏河时鲜创新烹饪大赛】 2020年9月10日，“江海风云际会　厨王争霸赛”浏河时鲜创新烹饪大赛在浏河镇新稳得福大酒店举行。9月7日，38名选手完成理论知识竞赛。太仓境内媒体、餐饮协会代表、摄影家协会会员等150余人参与活动。大赛为浏河镇旅游餐饮企业搭建交流传承厨艺技能平台，推动浏河镇高技能人才队伍建设。

【“夜太美·为‘浏’而来”消费促进活动】 2020年8月2日，浏河镇在市民广场上启动“夜太美·为‘浏’而来”夜经济品牌活动，丰富浏河镇夜间经济产业体系，扩大夜间消费规模，促进消费回补，满足市民游客多样化高质量的消费需求。

【“江风海韵　浏光溢彩”2020江海时光旅行节】 2020年10月1—8日，浏河古镇

2020 年 8 月 2 日，浏河镇在市民广场上启动夜经济品牌活动（陈文贤摄）

2020 年 10 月，江海时光旅行节古镇景区油纸伞、彩灯通道（镇社会治理和社会事业局供稿）

开办以“江风海韵　浏光溢彩”为主题的2020 江海时光旅行节。古镇景区内搭建起油纸伞、彩灯通道等传播传统文化，同时设置怀旧集市、美食小摊、歌曲舞台，吸引 20 万余游客到古镇共度欢庆时光。

（楼玉岚）

综合经济管理

财　政

【概况】 2020年，浏河镇实现一般公共预算收入8.39亿元，受新冠肺炎疫情影响，较上年减少2.67%；一般公共预算本级支出5.18亿元，较上年减少4.78%。至年末，镇属预算单位固定资产总额3.86亿元。浏河镇机构改革全面完成，根据市委、市政府文件精神，浏河镇财政和资产管理局梳理调整全镇预算单位，形成以“一办八局一中心”为主的部门预算单位体系。规范政府资金管理，确保财政资金安全，完成预算单位账户专项清查工作。规范政府采购工作，完成与太仓市财政局、市镇两级公共资产交易中心业务衔接。推进资产管理工作，完成《浏河镇行政事业单位国有资产管理办法》框架，加强预算单位资产管理工作。全镇各预算单位财务管理工作、资产管理工作运行良好。

（姚阳、薛静、丁婧）

【财务管理】 2020年，浏河镇财政和资产管理局执行《浏河部门单位财务管理制度》，提高财政资金使用的规范性和科学性。完善人员经费、工程项目资金、采购项目资金监管，确保财政资金安全。完成预算单位账户专项清查，梳理镇属预算单位行政账、工会账、食堂账、财政专户、基建账、社会组织账户，整理各类账户83个，涉及银行账户59个。针对清查中发现的问题，提出整改和处置方案，规范单位账户管理工作。加强预算单位业务培训和指导，从预算编制、收入管理、资产管理、工程和采购项目管理等业务板块着手，稳步推进；同时对代理记账会计事务所，提高业务要求，加强人员配置，规范预算单位账务管理工作，全面提升全镇预算单位财务管理水平。

（陈剑锋）

【预算管理】 2020年，浏河镇财政和资产管理局贯彻镇党委、政府决策部署，在全面预算管理基础上，继续加强日常预算管理。严格预算执行管理，落实部门预算管理主体责任，严控预算调整和调剂事项；继续实施部门当年预算执行情况和下年度预算安排挂钩机制，加大上级转移支付资金与年度预算的统筹力度。大力压减部门一般性支出、保障重点领域支出，持续强化“三公”经费、会议费、培训费管理，按照不低于10%的标准统一压减部门日常公用经费。持续优化财政支出结构，积极盘活存量，严控预算增量，统筹更多资金用于缓解财政收支平衡压力。全镇一般公共预算支出87.4%以上用于民生领域。全力支持疫情防控工作，第一时间建立疫情防控资金紧急追加和使用机制，切实做到预算安排到位、资金拨付到位、政策落实到位。结合浏河镇实际，通过税费减免、专项补助等有效措施，促进经济发展稳中有进。

（薛静）

表1 2020年浏河镇一般公共预算收入明细

单位：万元

收入科目	金额
1. 税收收入	81400
增值税	35157
企业所得税	8090
个人所得税	2593
城市维护建设税	3218
房产税	3081
印花税	702
城镇土地使用税	1471
土地增值税	18137
车船税	1
耕地占用税	721
契税	7545
环保税	684
2. 非税收入	2480
专项收入	1871
行政事业性收费收入	0
罚没收入	0
国有资源（资产）有偿使用收入	481
捐赠收入	0
其他收入	128
3. 收入合计	83880

表2 2020年浏河镇一般公共预算支出明细

单位：万元

支出科目	金额
1. 一般公共服务支出	4092
2. 公共安全支出	341
3. 教育支出	11456
4. 科学技术支出	1775
5. 文化旅游体育与传媒支出	434
6. 社会保障和就业支出	7374
7. 卫生健康支出	6906
8. 节能环保支出	147
9. 城乡社区支出	9085
10. 农林水支出	6535
11. 交通运输支出	0
12. 资源勘探电力信息等支出	0
13. 商业服务业等支出	176
14. 金融支出	0
15. 援助其他地区支出	0
16. 国土海洋气象等支出	0
17. 住房保障支出	1652
18. 粮油物资储备支出	87
19. 灾害防治及应急管理支出	634
20. 其他支出	0
21. 债务付息支出	1110
22. 债务发行费用支出	2
支出合计	51806

【资产管理】 2020年，浏河镇财政和资产管理局规范行政事业单位资产管理制度，利用江苏省行政事业单位国有资产管理信息系统，按规定监督预算单位资产购置审批、使用管理、报废核销、处置盘亏等过程。定期查验，摸清行政事业单位家底，做到账实相符，防止国有资产流失。浏河镇资产年报16个上报单位资产及负债账面情况：资产账面数合计3.86亿元，其中固定资产原值3.3亿元，净值2.18亿元；无形资产8707.45万元，负债账面数合计9235.88万元，净资产账面数合计2.93亿

元。年度总资产减少13%，其中固定资产减少2.55%。全年累计折旧增加1979.37万元。拍卖报废固定资产4次，处置收入4.51万元。至年末，全镇各行政事业单位资产处于使用状态，运行状况良好。

（王红锐）

【项目管理】 2020年，浏河镇财政和资产管理局完善项目内控管理系统，优化系统功能，扩大项目覆盖面，全年纳入系统工程项目578个，涉及合同总金额7.79亿元。优化工程服务类项目预算申报、基础信息录入、审批流程、项目审计、支付管控、账务处理等，确保镇财政预算工程服务项目资金的高效、规范、安全使用。梳理和整改项目资金专户，全部项目类支出纳入部门预算和集中支付体系，理清思路，提高工作效率。核对与清理镇财政与国资公司存量来往，明晰财政账务处理。全年支付工程服务类项目资金1.67亿元、拆迁安置相关资金2.2亿元。

【财政涉农补贴】 2020年，浏河镇财政和资产管理局执行财政涉农补贴发放政策，配合镇农村工作局做好各项农业补贴发放工作。全年发放农业支持保护补贴（耕地地力保护补贴）386.25万元、耕地轮作休耕补贴22.02万元、农业面源污染综合治理补贴1015.99万元、小麦价外补贴87.30万元、稻谷补贴201.78万元、生态补偿资金1222.58万元。

（王建）

【内部审计】 2020年，浏河镇财政和资产管理局落实浏河镇内审领导工作小组工作要求，对镇各预算单位、村（社区）等开展年度财务收支审计10份、离任审计15份、国企年报审计18份。根据审计结果提出相关问题，内审小组向镇主要领导进行专题汇报，并督促相关单位落实整改报告。落实审计报告内容，并针对各问题点，出具财政管理建议方案，督促各单位加强日常财务管理。全年完成工程类项目决算审计157个，送审金额2.43亿元，核减金额1624万元，核减率6.69%。节约财政资金，促进工程项目决算水平提高。

（陈剑锋）

【政府采购】 2020年，浏河镇财政和资产管理局备案通过政府采购项目38个，采购计划金额6654万元。保障全镇抗疫工作，落实防疫物资绿色采购通道，便捷化采购防疫物资722万元。修订《浏河镇政府采购实施办法》，提升浏河镇政府采购规范化水平。突出采购预算刚性约束。无预算不采购、超预算不支付。明确各单位采购主体责任，严密采购计划、合同签订、履约验收及资金支付的逻辑联系。优化采购流程，按照金额、内容与目录对应关系分为三类采购流程，明晰采购全程操作步骤。成立镇采购领导小组，加强组织领导，强化全镇采购监督管理。

（薛沁）

税　务

【概况】2020年，太仓市税务局浏河税务分局全力以赴抗击新冠肺炎疫情，履行税收职责，落实减税降费，打造营商环境，为地方经济发展贡献税务力量。有干部职工21人，服务辖区内纳税人8573户。

【疫情防控】 2020年，太仓市税务局浏河税务分局全体干部加入疫情防控志愿者队伍，深入东方社区开展巡查、宣传、守卡、登记等工作，共排查登记住户2000余户。落实窗口各项疫情防控管理措施，实现“非接触式”办税业务90%，通过QQ群、微信群、咨询电话等解答涉税咨询，通过上门服务、预约服务等方式错峰办理业务。

【组织收入】 2020年，太仓市税务局浏河税务分局依法规范组织税费收入，共组织全口径税收收入12.73亿元，完成地方公共预算收入8.14亿元。完成个人所得税首次综合所得年度汇算清缴，涉及自然人纳税人1.33万人，享受六项专项附加扣除5097人，退税约375.52万元，豁免15.09万元，兑现个税优惠390.61万元，较上年增长6%。支持大众创业、万众创新，扶持小微企业发展，确保减税降费政策纳税人、缴费人应享尽享。做好减税降费政策宣传和落实工作，进企业、进商场、进商会、进学校、进医院专场辅导；建立QQ群、设置减税降费辅导咨询专窗宣传辅导减税降费政策，累计培训纳税人6000户次，发放《绿色税风拂面来》等宣传资料5000余份，实现政策宣传应讲尽讲。

2020年2月12日，太仓市税务局浏河税务分局志愿者在东方社区开展疫情防控走访排查（李珊珊摄）

【优化营商环境】 2020年，太仓市税务局浏河税务分局严格执行《优化税收营商环境二十条》和太仓税务“春风十条”，深入推进“放管服”改革，减审批、减事项、减资料、减证明，降低办税成本。落实全程网上办事项和“最多跑一次”清单，公开全程网上办事项185项、“最多跑一次”清单16项。推出新办企业套餐、网购发票等功能，实现“企业新办快、退税速度快、发票领用快、不动产交易快”。升级“不动产集成服务平台”，实现申请人所有不动产交易、缴税、登记事项全程网上流转，全程“不见面”“无纸化”，最快10分钟受理，3个工作日内出证，助力企业“交地即发证、拿地即开工”。做好“简事快办、容缺办理、否决备案”三项服务，通过“简事分离、窗口分类、叫号分流”，在办税高峰期设立快办窗口，确保简易事项2分钟内办结，全年累计办结简易事项113件。细化“容缺办理”制度，对纳税信用A、B

2020 年 8 月 11 日，太仓市税务局浏河税务分局办税服务厅为纳税人、缴费人办理涉税业务（孙婷摄）

类企业，启动八类事项“容缺办理”，全年累计受理“容缺办理”事项 59 件。对疑难复杂事项，实行“否决备案制”，不允许窗口人员简单机械否决纳税人、缴费人诉求，应及时上报太仓市局综合研判，确保难事办好，一站到底。

（孙婷）

统　计

【概况】 2020 年，浏河镇贯彻落实上级统计要求，做好统计年定报工作，开展各项统计调查，提高数据质量，提升服务水平，为全镇高质量发展提供准确的统计信息支撑。年内，完成第七次全国人口普查。

【第七次全国人口普查】 2020 年，浏河镇第七次全国人口普查办公室按照统一部署，在全镇 15 个村（社区）开展第七次全国人口普查前期摸底、正式登记、后期数据核对等工作，按时间节点实施督导检查，掌握进度，规范操作，完成全镇人口普查工作。镇、村两级普查机构协作，66 名普查指导员、302 名普查员参与普查，本次普查时间节点为 2020 年 11 月 1 日 0 时，浏河镇共登记人口 111777 人，其中户籍人口53797人、常住人口105340人［登记人数为村（社区）汇总数，未去重］。通过上级普查办数据审核、查询、验收关，完成查询20余次，合计信息5000余条。

【统计分析】 2020年，在新冠肺炎疫情防控大环境下，浏河镇研判经济发展面临的形势，加大对规模以上企业经济运行分析，通过各专业多角度方式提高分析质量，全年编制《浏河镇经济运行情况资料》12篇，更新全镇高质量考核指标数据情况30余次，为全镇高质量发展提供数据支持。

【统计调查】 2020年，浏河镇完成各项统计调查工作，完成年定报工作任务。严格执行各项统计报表制度，开展农业、工业、能源、投资、科技、贸易、房地产、城乡住户、劳动工资等方面统计数据调查，做到各项统计年定报数据按时上报，客观反映全镇经济社会发展情况。完成夏、秋两季粮食测产，开展农作物面积遥感调查，对全镇参加遥感测量的3个样本村实施无人机测量。

【统计法治宣传】 2020年，浏河镇宣传《中华人民共和国统计法》《中华人民共和国统计法实施条例》等法规条例，通过各专业业务培训会议和组织统计继续教育，实现140家规模以上企业全覆盖；开展统计法治宣传，落实企业人员完成继续教育学习任务，提升企业依法统计意识和业务水平。

（徐孙杰）

市场监督管理

【新冠肺炎疫情防控】 2020年，浏河镇密切监控生活必需品的价格，出动执法人员364人次，检查市场经营户1505家次、商超92家次，通过查验进销货价格记录、发放价格政策提醒函、签订价格承诺书等方式，规范商户价格经营行为。加大对口罩等防疫物资不明码标价、哄抬物价、侵权假冒等违法行为的惩处力度，立案2起，查获口罩320只。加强疫情防控宣传，在镇区主要街道的门店张贴疫情防控海报1174张，综合利用对农贸市场、药店、商超、餐饮店、企业等检查，发放宣传折页，传达最新的防控政策，持续营造防疫抗疫氛围。

【市场主体登记管理】 2020年，浏河镇辖区登记在册市场主体12796户，其中个体工商户9582户、外资及港澳台资企业113户、内资企业205户、私营企业2835户、农民专业合作社61户。全年新设市场主体1957户，其中个体工商户1506户、外资及港澳台资企业8户、内资企业33户、私营企业410户。

【知识产权培育保护】 2020年，浏河镇新增有效专利39件，较上年增长12%，新增商标209件。开展企业标准抽查及后处理，指导3家不完全符合标准的企业修改标准。宣传商标奖励政策，全年向19家单位发放104件商标奖励资金5.25万元。将7家企业纳入知识产权重点企业保护名录，帮助1家企业完成“信用修复”工作。查办商标类案件3起，专利标注不规范案件5起，罚款及没收款项5.55万元。

【市场公平秩序维护】 2020年，浏河镇立案查处市场监管领域案件88件，罚款及没收款项113万余元。

【消费者权益保护】 2020年，浏河镇消费者权益保护协会依法、妥善处理各类投诉、信访、举报办件单1103件，其中全国12315平台流转158件，江苏省12315平台流转42件，太仓市消费者权益保护协会转办28件、自受理48件，联动中心平台流转827件，为消费者挽回损失117.88万元。

【食品药品安全监管】 截至2020年底，浏河镇登记在册食品药品主体1542家，较上年增长27.4%，其中食品生产加工企业28家、食品销售经营主体689户、餐饮服务单位761家、药店零售单位25家、医疗器械经营单位28家、公办医疗机构2家、民营诊所9家。开展219家食品经营户日常检查，9所校园食堂餐饮动态等级评定优秀，重点餐饮单位良好率90%；食品类抽检82批次，合格81批次，合格率98.8%；开设民间厨师授食品安全课，掌好“安全勺”；取缔“黑作坊”82处。落实长江禁捕工作，逐户检查主要街面小餐饮店，重点检查门头、菜单、点菜栏是否出现“长江”“野生”字样来诱导消费，宣传、发放有关禁售倡议书，倡议拒绝野味、合法经营、不卖不食不虚假宣传长江鱼鲜。实地检查市场主体703家次，发放倡议书320份，整改店招、菜单等涉嫌违规宣传43处，立案2起。派出“夜间监管小分队”，巡查沿街餐饮经营户86家，现场指导整改12处。

表3 2020年浏河镇市场监管领域案件统计

案件类型	工商类（39）				质监类（20）			食药类（21）			物价类（8）	案件总计
	违法广告	无证无照	假冒伪劣	其他	标准计量	特种设备	其他	食品	药品	化妆品及其他	价格	
数量（起）	18	9	6	6	8	9	3	9	1	11	8	88
所占比例	20.45%	10.23%	6.82%	6.82%	9.09%	10.23%	3.41%	10.23%	1.14%	12.5%	9.09%	100.00%

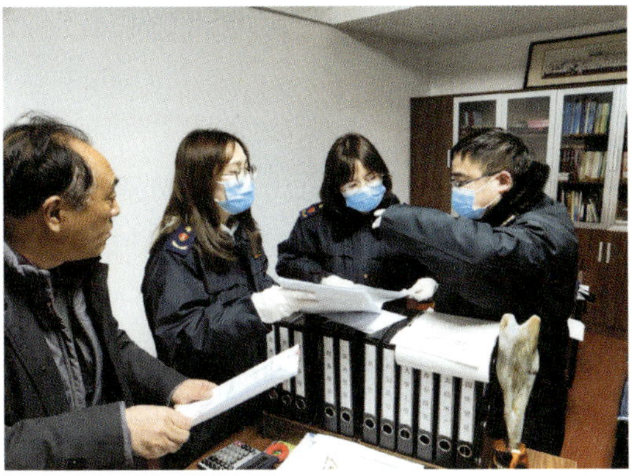

2020年12月17日，市场监管浏河分局连夜开展进口冷链食品紧急排查（孙峰摄）

【特种设备安全监管】 截至2020年底，浏河镇在用特种设备2410台。其中压力容器336台、锅炉15台、起重机械650台、电梯802台、场（厂）内机动车607台。开展节前和疫情防控期间专项检查、叉车和起重机械、小锅炉和快开门压力容器、叉车安全集中整治等专项行动，排查工业企业、码头、商贸等重点领域单位376家，逐户签订安全承诺书和隐患自查表，闭环安全隐患79起，立案查处9起，罚没款30.5万元。融入“1+26+1”（第一个“1”指《太仓市深入开展安全生产专项整治行动工作方案》，“26”指《太仓市安全生产专项整治工作领导小组关于印发宗教活动场所等26个行业领域安全生产专项整治实施方案的通知》，第二个“1”是指《太仓市危险化学品安全综合治理实施方案》）安全生产专项整治，开展危化、化工、粉尘涉爆、冶金起重机等安全领域特种设备专项检查；针对高层住宅规模扩大、电梯使用及安全问题增多的现实问题，联合消防中队、物管办等单位创新建立五方联保机制，签订苏州市第一张“高层住宅电梯及消防安全联保责任书”，并在东方花园小区率先开展高层住宅小区电梯和消防联合应急救援演练。

（谢辉）

食品安全

【食品安全宣传】 2020年3月，浏河镇通过挂横幅、展示宣传展板、发放食品安全知识手册等形式，劝阻取消农村集体聚餐30起9550人次。疫情期间，市场监管浏河分局通过线上公众号有奖问答进行宣传。7月，推进省级食品安全示范城市创建工作。9月，组织市场监管浏河分局，紫微苑社区、复兴社区、太仓市明德小学等单位走进村居、学校和广场多维度开展食品安全宣传周活动。

2020年9月，浏河镇开展食品安全宣传周系列活动（彭峰摄）

【食品安全检查】 2020年，浏河镇开展元旦、春节、五一、中秋、国庆等节日期间综合食品安全检查。4月，发动村（社区）及巡查人员摸查登记辖区内违规生产场所，摸查违规加工场所36家。

【食品安全管理】 2020年，浏河镇规范食品小作坊加工行为，遏制食品违法犯罪活动，消除食品安全隐患，提高食品安全保障水平。全年出动执法人员185人次，检查食品生产小作坊99家，下发“限期关停承诺书”99份，关停违法食品生产小作坊99家。

【食品安全培训】 2020年，浏河镇规范农村自办家宴行为，加强民间厨师经营管理，预防和控制家宴食物中毒事故发生。10月，食安办组织辖区民间厨师开展食品安全培训，并由政府出资为参训人员提供免费体检、办理健康证，共发放培训证、健康证各98人次。

（彭峰）

镇村建设

城镇规划

【概况】 2020年，浏河镇落实《太仓市浏河镇总体规划（2016—2030）》相关要求，编制《太仓市浏河镇镇区核心片区控制性详细规划》，满足镇区核心片区管理需要。保护区域自然山水格局和科学利用地域文化资源，引导浏河镇核心区土地利用与开发建设，促进城镇经济和创新产业健康发展，细化空间景观和交通组织，全面引导城镇科学发展。规划总面积约13.55平方千米，规划总人口6.5万人，初步形成“依托生态本底，构建规划框架。核心功能带动，小镇有机生长”总体思路，形成“一廊、两轴、两心、七片”空间布局。

【规划编制】 2020年，浏河镇把“多规合一”作为高质量推进乡村振兴和建设“全域旅游的滨江田园城镇”的重要抓手，在《太仓市浏河镇总体规划（2016—2030）》基础上，优化规划体系，完成《浏河镇核心片区控制性详细规划》编制报批。配合太仓市自然资源与规划局做好国土空间规划前期调研准备及镇村布局规划。完成新塘村特色田园乡村建设规划。按照招商引资要求，完成海泰汽配、铃兰医疗用品等8个工业项目选址。落实总规及控规相关要求，提升浏河镇整体规划设计水平。

（吴治仁）

【项目资金管理】 2020年，浏河镇加强报批项目资金监督管理，重点项目投资3.61亿元，其中生态环境7062万元、景观塑造1400万元、人文提升7308万元、功能复合2330万元、交通优化1.03亿元、设施完善约7699万元。

（施婷）

【建设档案管理】 2020年，浏河镇整理归档建设档案30项。其中，村镇市政公用设施类27项，村镇名胜古迹、绿化类3项。

（季叶丹）

城镇建设与管理

【房地产开发】 2020年，浏河镇出让土地用于房地产开发项目4宗。其中，位于钱泾河北侧、宋泾河东侧1宗，用地面积0.53公顷，出让给太仓临江城乡一体化投资有限公司，用于安置房项目建设；位于浮浏路东侧、支二路北侧1宗，用地面积4.99公顷，出让给太仓晟泰文化产业发展有限公司；位于郑和大街南侧、恒大路西侧1宗，用地面积6.34公顷，出让给太仓朗泰旅游开发有限公司；位于钱泾河南侧、橹

闸北二区二期农民安置房（计新海摄）

槽河西侧1宗，用地面积3.03公顷，出让给太仓锦盛房地产开发有限公司。

（孙煜炜）

【市政道路】 2020年，浏河镇实施道路建设9条，总投资约7150万元。其中新建道路7条，包括望海路西延、规四路、常红路南延、地块连接路、紫薇路西延、智能制造产业园配套道路、珠江路支路，总长度4.3千米，至年末，望海路西延竣工通车；改建道路2条，包括新塘线（S339南）、闸南路，总长度3千米。

（陆晓文）

【市政养护】 2020年，浏河镇投资990万元，用于市政和农路养护，修补水泥路面6500平方米、沥青路面5000平方米、人行道板7500平方米、侧石3000米，维修井盖500个，疏通市政雨污水管3.5千米等。

【民房建设】 2020年，浏河镇根据村庄布局规划做好各类农房审批手续164户。其中，自拆自建进小区审批60户，村庄保留点农房原宅翻建75户，危房修建29户。竣工验收100户，在建64户。

（李峰）

【安置房建设】 浏河镇建成紫薇苑一区、紫薇苑二区、紫薇苑四区、闸北一区一期、闸北一区二期、闸北三区一期、闸北三区二期、闸北三区三期安置小区8个，占地面积48.74公顷，建筑面积72.7万平方米，套数5192套。2020年，推进安置房建设进度，在建闸北二区二期、闸北二区三期、新闸安置小区3个，占地面积18.23公顷，建筑面积39.4万平方米，套数2427套。至年末，闸北二区二期完成项目建设，闸北二区三期完成80%，新闸安置小区完成40%。

【自建小区建设】 2020年，浏河镇有自建小区4个，分别为张桥小区、江南小区、浏新小区、东仓小区，规划户数3046户。其中：张桥小区规划面积45.34公顷，规划户数761户，建成485户；江南小区规划面积23.97公顷，规划户数464户，建成422户；浏新小区规划面积47.31公顷，规划户数759户，建成719户；东仓小区规划面积59.87公顷，规划户数1062户，建成581户。至年末，张桥小区、江南小区、浏新小区完成自建房市政、绿化配套设施建设，投资3000万元；张桥小区完成自建小区B区宅基路新建5000平方米，投资200万元。

【常青集贸市场改造】 2020年，浏河镇完成常青集贸市场水产区改造，包括1号、2号棚门洞、门面改造，场内消防栓箱体更换，墙面粉刷及贴墙砖等，总投资200万元，改造区域面积约1600平方米。解决常青集贸市场设施老化和落后、卫生情况差、水产摊位缺少排水设施和地面长期积水等问题。

（钱志伟）

【老小区改造】 2020年，浏河镇完成浏西一村、新塘管理区丁泾路两侧老小区改造工程项目。总投资约1000万元，涉及小区居民500户，共23幢，改造区域面积5.03公顷，改造沿街店招店牌，新建厕所1座，新建雨水主管1800米、污水主管2060米，同时疏通污水管1100米，浇筑水泥混凝土路面1.5万平方米，更换雨污水井盖150个，新装路灯38套，新增停车位90个，整治私搭乱接飞线接电150处。改善小区面貌，提高小区居住安全水平和质量。

（恽城）

【路灯管理】 2020年，浏河镇完成银海路、沿江路、南海路、福海路、江沿路、望海路西延路灯新装304套，投入资金410万元；完成郑和南路、东海路、钱泾路、长宁路、长江东路、长江西路、湘江路、新谊路、新港路、望海路、闸南路等处老旧路灯节能改造650套，投入资金110万元；完成路灯养护4255套，投入资金88万元。

（朱雪刚）

城乡绿化

【概况】 2020年，浏河镇着力推进生态工程建设，共建设绿化27.4万平方米，其中闲置复绿18万平方米、新增绿化7.1万平方米、道路绿化2.3万平方米，移植苗木629棵。

【闲置用地环境整治】 2020年，浏河镇对镇区部分闲置地块开展环境整治工程，复

闲置用地环境整治工程（杨歆悦摄）

绿面积 18 万平方米，投资 370 万元。主要建设内容为土方整理和草坪草、花种植。

【道路绿化】 2020 年，浏河镇完成银海路道路绿化工程，绿化面积 6000 平方米，投资 200 万元。完成沿江大道道路绿化工程，绿化面积 1.7 万平方米，投资 350 万元。

【小区绿化】 2020 年，浏河镇完成闸北二区二期公寓式农民安置房绿化景观工程，绿化面积 4.8 万平方米，投资 1450 万元。该工程涉及小区休闲广场、凉亭、园路、照明、绿化景观等基础设施建设。

【绿化移植】 2020 年，浏河镇完成南海路沿线及古镇停车场北地块苗木移植工程，移植香樟、桂花、樱花等苗木约 629 棵，投资 45 万元。该工程配合太浏快速路延伸段及古镇停车场建设需要，将以上苗木移植至沿江大道、银海路等镇区路段。

（杨歆悦）

【美丽村庄建设】 自 2012 年启动康居乡村建设至 2020 年底，浏河镇共建成苏州市特色康居乡村 23 个，建设完成苏州市特色康居示范区（新塘村）1 个。

（欧阳玥琰）

闸北二区二期公寓式农民安置房绿化景观（兰台公司供稿）

土地管理

【概况】 2020年，浏河资规分局紧紧围绕浏河镇高质量建设“全域旅游的滨江田园城镇”目标定位，立足工作实际，强化责任担当，全力以赴保发展、护资源、拓空间。

【土地供应】 2020年，浏河镇挂牌成交土地17宗，面积517亩，出让总额9.79亿元；划拨教育、交通用地等6宗，面积202亩。获批征地面积197亩。办理临时用地16宗，面积73亩。办理设施农用地备案1宗，面积13亩。消化批而未供土地面积122亩，超额完成太仓市级下达年度任务。

【土地综合整治】 2020年，浏河镇实施“三优三保”拆旧复垦项目15个，面积361.6亩；增减挂钩项目16个，面积325.68亩。全镇共盘活存量土地687亩。完成占补平衡项目8个，面积257.68亩。收回土地13宗，面积409亩。

【土地执法监察】 2020年，浏河资规分局按照上级部署要求，开展农村乱占耕地建房整治专项行动摸排工作。参与太仓市金属冶炼、涉爆粉尘、涉氨制冷等工贸安全生产专项整治，违法违规“小化工”专项整治和自然资源领域安全生产专项整治行动排查工作。参与危险废物处置专项整治工作，逐个排查清单中39家工矿企业。配合浏河镇完成5个轮次农房违建认定工作，排查农户2464户，实际认定违建农户753户，面积8.02万平方米。配合综治联动中心做好土地认定工作，处理联动平台办件335件，办结298件。发放两违整改通知书210份。

【农房登记颁证】 2020年9月，浏河镇根据市政府统一部署安排，成立浏河镇农房发证工作领导小组和工作专班，全面启动发证前期资料收集整理工作。

（徐琴）

环境保护

【环境执法】 2020年，浏河镇有专职环保工作人员4人、三级网格化网格员13人，各村（社区）配备兼职环保网格员1人。全年联合苏州市太仓生态环境综合行政执法局执法检查932次，开具执法文书865份；立案处罚企业6家，处罚金额61.98万元。其中，涉及危废仓库处罚39万元，涉及查封扣押案件1起。

【环保督察反馈问题整改】 2020年，浏河镇完成长江经济带4个码头生态环境审计问题1件；完成江苏省级警示片生态环境问题1件；完成"打好污染防治攻坚战"专项行动转办单销案工作，其中苏州市级转办单4件、太仓市级转办单10件。

【生态文明建设】 2020年，浏河镇完成生态红线区域年度保护总结，严守生态保护红线，落实国家、省级生态保护红线要求，有序开展辖区生态保护红线勘界定标。完善生态保护红线保护长效监管机制，严格执行省级生态补偿转移支付政策。践行"共抓大保护、不搞大开发"理念，开展长江环境大整治环保大提升整治行动、长江沿线区域"三化"（净化、绿化、美化）专项行动、长江太仓段生态环境突出问题排查整治等专项行动，确保浏河闸国考断面水质达到Ⅲ类考核要求。组织开展各类环境宣传，开展六五环境日"美丽中国，我是行动者"环保系列宣传、"环保江海情，携手你和我"环保主题亲子活动等。积极响应苏州市太仓生态环境局关于排污许可证核发工作的会议指示，部署全镇800余家固定污染源的企业开展排污许可证发证和登记工作。落实"三线一单"（生态保护红线、环境质量底线、资源利用上线和生态环境准入清单），严控辖区内新进项目准入标准。

【"263"专项行动】 2020年，浏河镇"两减"方面完成非电行业煤炭消费总量削减0.61万吨，完成企业"去产能"整治25家。"六治"方面完成浏河镇污水处理厂扩建及提标改造工程，于9月试通水运行，并于11月4日获得太仓市水务局通水运行批复；完成镇级河道整治2条，涉及钱泾河整治工程、老浏河市河整治工程；开展畜禽养殖整治及长效管理工作，全年完成镇级整治提升2户；开展反走私综合整治快速艇环节行动与"三无"船舶整治行动，劝导驶离乱停泊船只120艘，协助拆解船只7艘；落实"散乱污"企业（作坊）整治工作，全年整治61家，做好常态化整治；完成47个小区垃圾分类"三定一督"工作，投入500余万元新建或改建垃圾分类投放点103个，配备分类督导员110人；组织20家企业配合建设"环保自检自纠"管理平台，促使企业强化主体责任，降低环境违法风险；提升企业应对环境突发应急事件处置能力，于星光印刷（苏州）有限公司开展企业环境应急演练和液氨泄露应急演练，组织企业观摩学习；完成40项VOCs无组织排放、1项VOCs深度治理、1项工业炉窑治理和5项燃气炉低氮改造工作。"三提升"方面完成水库以北准保护区湿地改造；沿江大道1.7公顷改造绿化工程；长江沿岸28公顷土方平整造型、步道、绿化等工程；银海路规划面积6000平方米的道路机非隔离带、中隔带绿化及道路路灯提档升级工程。

【其他环保专项行动】 2020年，浏河镇多措并举持续推进移动污染源治理，大力倡导绿色出行，宣传机动车加油注意事项、移动源排放污染防治措施，共走访渔船200余艘、加油站及码头22家，联同固定检查点的来往货车共计发放倡议书452张。持续做好秸秆禁烧工作，制作秸秆禁烧宣传横幅50余条，发放宣传单2万余份。完成太仓盛海化工、上海诚淳化工产品经营部违法违规"小化工"土壤环境调查。加强源头防控，督促7家重点监管企

2020 年 7 月 8 日，浏河镇综合行政执法局会同市生态环境局大气科、边防派出所、交警、交管所、海事处、安监办共同参与浏河镇移动污染源治理专项工作推进会（杨宽宽摄）

10 月 16 日，浏河镇综合行政执法局环保部门组织召开全镇重点企业自行监测信息公开培训会（梅志生摄）

业开展环境风险隐患排查和厂区土壤、地下水自行监测。完成 2 家企业（苏州宜安诺包装科技有限公司、江苏磐宇科技有限公司）清洁化改造。组织贯龙、星光印刷、佳隆五金、人可喷涂、建鹏汽修 5 家企业完成应急预案备案（风险评估）管理工作。组织三樱、铃兰、泰利 3 家企业完成“八查八改”环境安全达标建设。在全镇开展危险废物处置专项整治行动，共计检查 120 余次，其中镇主要领导共同参加 10 次。全年排查安全隐患 170 起，开出行政处理通知书 35 份，立案查处 3 起，罚没款 39 万元。

（梅志生）

“八查八改”：重点环境风险企事业单位作为环境安全责任主体，推进环境安全隐患排查治理，以“风险隐患整治、应急能力提升”为核心，从环境应急管理机构、突发环境事件风险等级识别、突发环境事件隐患、监测预警机制建设、环境应急防控措施、环境应急预案备案、环境应急演练、环境应急保障体系建设等八个方面开展查改工作。

物业管理

【概况】 2020 年，浏河镇有商业小区 43 个，其中物业小区 39 个（含动迁小区 7 个）、无物业小区 4 个。全镇有物业服务企业 21 家。

【防疫“封闭式”管理】 2020 年，新冠肺炎疫情暴发，浏河镇 39 个物业小区和 4 个无物业小区全面实行防疫“封闭式”

2020 年 2 月 1 日，浏河镇物业管理办公室召开全镇物业会议，布置防疫任务（浏河镇紫薇苑物业供稿）

管理。拆迁小区东方花园投资 15 万余元安装道闸系统，排查登记进出车辆。浏河镇物业管理办公室下发防疫通知 215 份，印刷防疫宣传广告 2180 份，收集物业门岗登记表 3698 份。

【住宅小区消防安全综合治理】 2020 年，浏河镇全面完善住宅小区消防设施，理顺小区消防安全管理机制，提升小区消防安全管理水平。6 月，完成 33 个商业小区消防车通道标识设置整改建设。11 月，完成拆迁小区消防划线、标识标志整改。

【文明城市创建】 2020 年，浏河镇物业管理办公室按照文明城市创建工作及垃圾分类实施工作要求，对全镇物业服务企业进行工作部署。用人 36 人、卡车 5 辆对环境卫生脏乱差、乱堆乱放小区进行清理。印发“先出后进”电梯文明宣传标语条 1900 份，对东方花园拆迁小区 969 层电梯口进行张贴。6 月，全镇物业小区电梯文明宣传标语条张贴完成。

【物业纠纷调解】 2020 年 3 月，浏河镇司法所、综合行政执法局、物管办三个部门牵头，组建全镇首个物业纠纷调解室。调解室设立于东方社区 207 室，配有法律顾问、人民调解员、职能部门工作人员。全年调解物业管理方面纠纷矛盾 15 起。

【小区业主委员会建设】 2020 年，浏河镇制定物业公司管理小区年终考核评分机制，落实项目督查制度，规范业主大会、业委会运作。3 月初，浏河镇物业管理办公室与紫薇苑社区共同协助听海雅苑小区成立业主委员会。10 月，指导高成·上海假日物业管理委员会完成换届工作。全镇有业主委员会小区 5 个，有物业管理委员会小区 1 个，开创业主参与社区、物业管理的新型模式。

2020 年 5 月 6 日，浏河镇物业小区消防车通道标识设置整改建设（浏河镇紫薇苑物业供稿）

【物业信访处理工作】 2020年，浏河镇物业行业受理各类投诉案件2459件，较上年增长65.81%。其中电话投诉342件，邻里纠纷投诉298件，业主报修投诉883件，电梯故障投诉209件，违规占用公共区域投诉460件，物业商铺乱排污、噪音扰民问题139件，小区管理问题102件，其他26件。联合镇综合执法局、辖区社区、市场监督局等部门共同解决，处置率93%。

（张娟）

动迁安置

【农户签约安置】 2020年，浏河镇围绕市级、镇级重点动迁项目，完成民房动迁签约124户，主要涉及浏南村、东仓村、何桥村、新闸村、闸北村、万安村、张桥村、新塘村等区域，完成签约面积3.83万平方米。至年末，办理东方花园中区不动产证150本。

【企业房屋动迁】 2020年，浏河镇强化责任担当意识，强力推进企业房屋动迁工作。重点动迁项目主要涉及恒大文旅城项目、重大交通设施项目（南沿江铁路、沪苏通铁路太仓站配套）、民生项目（学校和安置房地块）、智能制造产业园项目、镇级产业项目等。企业及其他非住宅签约48户，完成签约面积7.7万平方米。保障全镇文化产业类、交通设施类、镇级产业类等重点项目开工建设。全年完成太仓市级“清零”地块3个、浏河镇级“清零”地块12个，腾出净地585亩，打通道路5条。

（邹祁磷）

新塘管理区

【概况】 浏河镇新塘管理区位于太仓市东南部，距太仓市中心18千米，东与浮桥镇毗邻，西与太仓市高新区接壤，南与陆渡街道相连，北与沙溪镇为界，辖区面积27.63平方千米。其中核心镇区范围东至子沟河，西至马路塘，南至陆窑塘，北至牌新路，总面积约1平方千米。至2020年底，管理区集镇区居住人口3392人，有工业企业110家，其中规模以上企业5家。

【党建工作】 2020年，新塘管理区党支部有正式党员8人。联合“兴塘”党建大联盟成员单位共同开展“凝心聚力促和谐，携手同‘新’百家宴”活动、“铁路

苏州级城市管理示范路——新谊路（顾英摄）

安全知识进校园活动”和“共创文明城市　践行垃圾分类”校园实践等活动，整合党建资源，提升党组织的组织力、凝聚力和战斗力。

【改造亮点】　2020年，新塘管理区继续统筹推进整治提升工程。改造新塘农贸市场，拆除菜场违规搭建棚2250平方米，整治流动摊位，划停车位，协调市场方升级改造菜场内部，改善群众购物环境。整治陆窑塘两侧污水，设置新污水管排入污水总管，改善陆窑塘水质情况。联合镇综合行政执法局创建苏州级城市管理示范路——新谊路，10月通过验收。新建新塘小学体育馆项目，至年末，完成工程进度15%。年末，新塘卫生院新建医院项目动工。

【综合治理】　2020年，新塘管理区协调处置浏河镇联动中心派发的各类事件329件；处理违建类15起，拆除违建3400余平方米。开展“331”专项整治火灾隐患行动，排查处置群租房、车库住人、电动车楼道充电等火灾隐患，整治电动车违规停放充电现象150余起。联合交警、浏河镇综合行政执法局在管理区主要道路开展交通秩序整治工作，改善占道经营、道板停车等现象。

【长效管理】 2020年，新塘管理区继续采用保安外包服务，主要负责丁泾路、新谊路、新港路及菜场周边区域秩序维护。巡查管理主要街道，做到“各类隐患发现早一点，矛盾纠纷解决快一点”，实现交警、城管和保安巡逻防控协同配合，提升管理区区域化社会管理力度。

（李晓华、顾英）

公用事业

邮 政

【浏河邮政支局】 2020年，浏河邮政支局设有邮政储蓄大厅1处、邮政普服投递服务部1处。邮政服务项目包括投递类业务（函件、包裹、EMS）、集邮、汇兑、储蓄、理财、代理保险、代发工资、养老金发放、分销等业务，服务人口2.16万人。完成邮政业务收入356.53万元，其中代理金融类业务收入303.59万元、函件类收入0.33万元、包裹类收入5.31万元、集邮收入2.89万元、报刊业务收入41.23万元，分销收入0.79万元、其他收入2.39万元。

【新塘邮政支局】 2020年，新塘邮政支局设有邮政业务大厅、邮政储蓄大厅各1处。邮政服务项目包括投递类业务（函件、包裹、EMS）、集邮、汇兑、储蓄、理财、代理保险、代发工资、养老金发放等业务。服务人口1.34万人。完成邮政业务收入244.47万元，其中代理金融业务收入215.45万元、函件业务收入11.78万元、包裹业务收入1.45万元、集邮业务收入1.05万元、报刊业务收入4.16万元、电子商务收入3万元、其他收入7.58万元。

【普服投递邮路】 2020年，浏河区域内有报刊零售亭2处、信箱（筒）3个，服务人口13万人。投递线路19条，全长452千米。其中，摩托车、电瓶车投递线路13条，全长261千米；汽车投递线路6条，全长191千米。全年未出现报刊给据邮件、快递损失情况。

（姚惠秋、何伟良）

电 信

【概况】 2020年，浏河电信分局有职工40人，设有浏河中心营业厅、新塘营业厅等网点15个。全镇有天翼手机用户3.9万户、宽带用户2万户，其中百兆以上宽带用户1.7万户、电信ITV电视用户1.2万户。全年完成电信业务收入3900万元，较上年增长2.63%。

【网络建设与维护】 2020年，浏河镇有电信基站110个，新增5G基站32个，对信号弱与热点区域开展基站补盲补强。至年末基本完成全镇基站信号全面覆盖，摸查论证5G通信网络建设，实现热点重点区域5G全面覆盖。响应国家提速降费指导意见，针对电信用户免费提速。至年末，浏河电信宽带平均速率300兆，企业及家庭用户具备千兆网络接入能力。

【品质服务】 2020年，浏河电信分局强化服务体系建设，提升服务品质。根据全镇用户具体分布情况，升级营业网点，深化以店包片经营模式，增开网点满足客户就近办理电信业务需要，增派服务力量进驻商场、超市、卖场扩大用户接触面。打造具备综合能力的线务员攻坚团队，打造业务办理、障碍维修等统一快速响应的上门服务体系，公众客户满意度99%。优化社区信号盲区，提升客户通信服务满意度与幸福感。

（汤健）

移　动

【概况】 2020年，中国移动浏河分局有职工9人，设有郑和南路营业厅、迎福路营业厅、复兴街营业厅、新塘营业厅等营业网点20个。至年末，服务移动用户4.5万户、宽带用户1.2万户，其中千兆宽带用户1500户。

【网络建设与维护】 2020年，浏河镇有移动4G基站126个、5G基站32个。开展信号弱覆盖区域优化补盲。标杆化整治老旧小区及道路周边线路。配合美丽乡村建设开展线路改造。

【品质服务】 2020年，中国移动浏河分局深化推进“我为群众办实事”服务，在营业厅、社区、企业、装维服务等各触点，为广大居民用户提供网络义诊、线路检修、套餐消费整理等各项便民服务，提升服务品质。全年常态化开展此类活动，服务8万余人次。

（顾健）

联　通

【概况】 2020年，中国联通在浏河镇设有复兴街自营厅、浏港菜场合作厅、吉麦隆合作厅、新塘合作厅、滨河路小区社区店等营业网点5个，零售合作代理点8个。全镇有联通手机用户7800户，宽带覆盖2.5万户，宽带用户1500户。全年完成联通业务收入1112万元，较上年增长7.96%。

【网络建设与维护】 截至2020年12月，浏河镇有联通4G基站110个，完成信号无缝覆盖。有联通5G基站53个，主要覆盖重点街道、人口密集区域及工业园区。补盲补强信号弱的热点区域基站，加强无线信号连续覆盖，下半年完成5G2100频段重点乡村覆盖。根据国家提速降费指导意见，为联通用户提速降费。至年末，浏河宽带平均速率250兆，所有新国标小区具备1000兆接入，推进老旧小区宽带改造工程，逐步提升企业及家庭用户千兆网络接入能力。

（施卫东）

供　水

【概况】 浏河镇作为太仓市主要水源地，配套建有蓄淡避咸水库，取用长江水为水源，日供水能力70万吨。2020年，太仓市水务集团有限公司所生产销售的自来水在浏河镇供应总量为931.13万吨。其中，居民用水372.69万吨，占40.03%；非居民用水386.44万吨，占41.50%；特种行业用水120.93万吨，占12.99%。全镇全年供水管网漏损率5.48%。在全镇市政道路供水工程中新增消火栓39个。完成维修1324处，新增接水用户72户，更换黑表、坏表及使用时间较长的水表7529个，拆除水表148个。全年查处多起违章用水，追缴水量8.32万吨、水费28.52万元。

东元路DN200供水管道施工（杨宇杰摄）

【市政管道工程】 2020年，浏河镇完成太仓恒大文化旅游城经四路配套市政给水工程，投资49.6万元。新建恒大路（钱泾河—郑和大街）DN300给水管道及消火栓工程，投资49.5万元。完成东元路DN200给水管道工程，投资49.5万元。完成站前大道（339省道—江南路）DN500给水支管道工程，投资340.4万元。

【小区、房产供水工程】 2020年，浏河镇各房产公司供水项目投资额共计1478万元，管道长度24139米。

【供水管网改造工程】 2020年，浏河镇完成太浏快速路东延段向阳河及丰仓浜DN2200管道改造，投资1041.8万元。

（杨宇杰）

供　电

【概况】 2020年，国网江苏省电力有限公司太仓市供电分公司浏河供电所实现供电量5.09亿千瓦时，其中用户专变实现3.46亿千瓦时、综合配变实现1.63亿千瓦时。售电收入3.5亿元。新增用电客户1251户，累计4.43万户。实现供电可靠性99.99%，电压合格率100%。至年末，供电所有综合配变917台，变压器总容量43.2万千伏安，低压线路74.10千米。

【电网改造】 2020年，浏河供电所投资1295.63万元，改造浏河行政区域内台区低压线路设备22个、变压器TTU287台，提高供电可靠性。

（罗永清）

天然气

【概况】 2020年，太仓市天然气有限公司浏河营业厅完成居民天然气销售311.88万立方米，销售额889.89万元，全年未发生有责安全生产事故。

【燃气销售】 2020年，太仓市天然气有限公司在浏河镇拥有居民用户2.27万家、工商用户56家，受理燃气过户720户。全年销售天然气6000万立方米，销售量与去年持平。

【燃气安全检查】 2020年，太仓市天然气公司对浏河镇所辖的27家商业用气单位、29家工业用气单位完成一年两次燃气安全检查，开具整改通知书19份，监督隐患整改17处。全年处理各种故障维修等15余次，并对所有用气单位进行燃气安

天然气管道碰接（陆敏丽摄）

全培训。积极响应“331”专项行动，配合政府相关单位，做好工商业单位安检任务。完成小区用户两年一次安检任务，分发燃气安全宣传资料，并且现场宣讲燃气知识，提高用户燃气安全意识。

（费蕴春）

液化气

【概况】 2020年，浏河镇有苏创、东方、蓝天、东华（优洁能）4家燃气公司，销售液化气2355吨，销售额1416.3万元，全年未出现燃气安全事故。

【液化气销售】 2020年，浏河镇有瓶装液化气供应站4家，用户5915家，其中居民用户5474家、非居民用户441家，销售瓶装液化气15公斤装10.21万瓶、50公斤装8440瓶、5公斤装2626瓶。

2020年4月27日，浏河镇开展“娄城飞燕进万家 燃气安全你我他”宣传活动（张峻梵摄）

【液化气安全检查】 2020年，浏河镇委托第三方机构巡查全镇瓶装液化气供应站点，检查餐饮场所、企业等用气供气场所393家，各检查对象涉及使用瓶装液化气钢瓶的，均与供气公司签订供气合同。张贴各类燃气安全使用信息公示牌266家，下发燃气报警器340个，整改燃气安全隐患112处。在东方小区开展燃气安全宣传活动，全面提高居民安全用气知识，消除隐患发生可能。

（张峻梵）

市容环卫

【道路清扫】 2020年，浏河镇有道路清扫保洁人员161人，配备道路高压冲洗车3辆、3吨扫路车3辆、8吨清扫一体机4辆、非机动车道扫路机3辆，新增厨余垃圾车4辆。日处理垃圾约120吨。道路保洁时间5:00—16:30。增加机械化清扫时间和清扫次数，确保机械化清扫率不低于80%；人工补扫机扫死角，实现道路保洁

2020 年，浏河镇“三定一督”居民小区垃圾分类投放点督导员引导居民分类投放（镇综合行政执法局供稿）

2020 年 4 月 22 日，浏河镇开展“党建引领微治理 垃圾分类我践行”主题宣传活动（镇综合行政执法局供稿）

全覆盖，保洁率 100%。

（顾艺琳）

【生活垃圾分类】 2020 年，浏河镇制定《2020 年浏河镇生活垃圾分类处置工作行动方案》。在镇区，按照“三定一督”（定时、定点、定人督导）模式推动居民小区生活垃圾分类工作，总计投入 500 余万元，新建或改建垃圾分类投放点 103 个，配备分类督导员 110 人，完成 47 个居民小区“三定一督”建设工作。在行政村，为 5565 户村民配备入户垃圾分类桶，每日上门扫码收运，确保做到农村生活垃圾分类全覆盖。印制垃圾投放指南 7 万余份，宣传海报 300 份，在镇区主干道布置灯杆广告、围栏广告 36 个；在镇区 7 辆公交车上布置宣传版面，使其成为流动垃圾分类宣传车；录制普通话版、方言版垃圾分类职责告知书，滚动播放，提高宣传覆盖面。开展各类垃圾分类宣传活动 229 场，直接参与 2.6 万余人次。

（沈洁）

广　电

【概况】 2020 年，浏河广电站完成创收 1442.25 万元，有线电视用户 1.06 万户，宽带用户 5771 户，互动用户 1.25 万户，高清入户率 94.7%。推进“智慧广电 + 公共服务”，服务乡镇振兴战略。

【监控建设】 2020 年，浏河镇新增水利监控点位 53 个，药店、社保监控 40 个。建设应急广播高音喇叭音柱 636 个，实现镇、村（社区）区域范围内全覆盖。

（王赢）

交 通

【疫情防控】 从2020年1月27日起，太仓市交通运输局浏河中心交通管理所（以下简称浏河交管所）安排执法人员在沈海高速沙溪出口、346国道洋桥卡口、沈海高速新区出口分流点开展24小时疫情防控工作，快速阻断疫情传播，共计出动执法人员129人次。派驻4名执法人员前往苏州火车站和高铁站开展来太人员分流工作。在企业开展复工阶段，通知码头企业做好各项防疫工作、上门提供指导和帮助，走访调查8家货运企业复工复产疫情防控情况。

【火车站站场秩序管理】 2020年7月1日太仓火车站通车至年底，浏河交管所派驻执法人员在出站口开展疫情防疫：检查旅客“健康码”，发现重点疫区来的旅客当即联系防疫部门处理，出动执法人员368人次。管理火车站站场秩序和道路交通：管理站场周边喊客拉客、秩序混乱，长短途客运车辆站外发车、等客，社会车辆非法营运，车辆不按规定停放，出租车不服从调度、不排队发车、不打表计程等各种违法与不文明行为，出动执法人员736人次。

（李洁）

2020年1月31日，浏河交管所执法队员在G346国道洋桥卡口开展新冠肺炎疫情防控工作（浏河交管所供稿）

教育科技

教育综述

【概况】 2020年，浏河镇有公办初中1所（太仓市明德初级中学）、小学2所（太仓市明德小学、太仓市浏河镇新塘小学）、幼儿园3所（太仓市浏河镇幼教中心，包括明德幼儿园、紫薇幼儿园和新塘幼儿园），有班级145个，在校学生5997人，在职教师398人，退休教师227人。

表4　　2020年浏河镇各所学校第一学期人员构成情况

<table>
<tr><th>学校名称</th><th colspan="3">教职员工（人）</th><th>临时工人（人）</th><th>学校自聘教师（人）</th><th>学生人数（人）</th><th>班级（个）</th><th>退休教师（人）</th><th>其中：外地生（人）</th></tr>
<tr><td rowspan="3">幼教中心</td><td colspan="3">83</td><td rowspan="3">50</td><td rowspan="3">5</td><td rowspan="3">1261</td><td rowspan="3">36</td><td rowspan="3">8</td><td rowspan="3">386</td></tr>
<tr><td>教师</td><td>公办工人</td><td>镇办工人</td></tr>
<tr><td>81</td><td>1</td><td>1</td></tr>
<tr><td rowspan="3">明德小学</td><td colspan="3">130</td><td rowspan="3">24</td><td rowspan="3">9</td><td rowspan="3">2378</td><td rowspan="3">54</td><td rowspan="3">111</td><td rowspan="3">992</td></tr>
<tr><td>教师</td><td>公办工人</td><td>镇办工人</td></tr>
<tr><td>125</td><td>4</td><td>1</td></tr>
<tr><td rowspan="3">新塘小学</td><td colspan="3">60</td><td rowspan="3">6</td><td rowspan="3">6</td><td rowspan="3">861</td><td rowspan="3">22</td><td rowspan="3">67</td><td rowspan="3">529</td></tr>
<tr><td>教师</td><td>公办工人</td><td>镇办工人</td></tr>
<tr><td>54</td><td>1</td><td>5</td></tr>
<tr><td rowspan="3">明德初中</td><td colspan="3">125</td><td rowspan="3">21</td><td rowspan="3">/</td><td rowspan="3">1497</td><td rowspan="3">33</td><td rowspan="3">41</td><td rowspan="3">597</td></tr>
<tr><td>教师</td><td>公办工人</td><td>镇办工人</td></tr>
<tr><td>115</td><td>7</td><td>3</td></tr>
<tr><td rowspan="3">总计</td><td colspan="3">398</td><td rowspan="3">101</td><td rowspan="3">20</td><td rowspan="3">5997</td><td rowspan="3">145</td><td rowspan="3">227</td><td rowspan="3">2504</td></tr>
<tr><td>教师</td><td>公办工人</td><td>镇办工人</td></tr>
<tr><td>375</td><td>13</td><td>10</td></tr>
</table>

（王爽）

教育管理

【教育基础设施提升】 2020年，浏河镇提升公办和普惠性幼儿园覆盖率，新建东方幼儿园（4轨）、滨江幼儿园（5轨），两项共计投入5800万元。新塘小学食堂新建、体育馆改扩建项目正式开工，满足人口不断增长需要。12月7日，明德二小、明德二中新建项目正式开工，各3万余平方米，总投资4.5亿余元。

【校园保障工作完善】 2020年，浏河镇支持学校开展各项工作，确保教师工资、奖励以及义务教育“两免一补”资金按时足额到位，学校正常设施、设备以及房屋维修等资金预算到位，保障各项工作顺利开展。落实全国义务教育优质均衡发展创建工作，支持学校开展各类校园文体宣教活动，加强落实学校防疫和安全工作。上半年，提供测温门、测温仪、口罩等大量防疫物资，医院、消防、食安等部门提供防疫和安全指导，学校定期与随机安全巡查力度加强，整治学校内部和周边环境，整改墙面污损、食堂漏水、校门口下水不通等安全隐患，保障师生平安无事。落实校车及安全管理措施，政府追加投入112万元租赁校车4辆，解决新塘小学学生往返困难。

【校外培训机构管理加强】 2020年，浏河镇加强校外培训机构管理和治理。疫情期间，迅速叫停开业，疫情缓解后，根据复工复产要求，29家培训机构通过自查、检查、整改，有序复工，未发生不良情况。经查，全镇无无证幼儿园、无证托班情况。根据上级要求，督促培训机构依法合规开办，依法执法整改标识违规的培训机构3家。

（王爽）

学前教育

【概况】 2020年，浏河镇共有公办幼儿园3所，其中明德幼儿园6轨、紫薇幼儿园4轨、新塘幼儿园2轨，共计12轨。年内，正式教职工83人。学生摸底数1261人，各幼儿园参与教学公开课展示、评优课、基本功比赛、教学设计案例评比等活动，加强学前教育安全稳定工作，提高幼儿安全意识和紧急避险、自救自护应变能力。利用安全教育平台、升旗仪式、节假日教育、日常生活环节等开展幼儿防溺水、交通安全、消防安全、防灾减灾、防范欺凌等安全教育，加强师生安全防范意识。夯实基础建设，配齐安保人员及必要安全防护装备器械，安装访客系统，全面落实一键式紧急报警、视频监控系统与属地公安机关联网工作。严格落实门卫值守管理要求，执行封闭式管理，强化访客盘查登记制度，制定并落实恶劣天气家长持卡接送孩子进出校门的相关制度，构筑各方面齐抓共管良好局面。

【明德幼儿园】 该园是浏河镇公办幼儿园，占地面积1.1万平方米，建筑面积6100平方米，设计规模6轨，每班可招生35人，学位630个。教职工40人，其中太仓市学科带头人2人，在园幼儿648人。

【紫薇幼儿园】 该园是浏河镇公办幼儿园，占地面积4021平方米，建筑面积4037平方米，设计规模4轨，每班34人，学位408个。教职工27人，在园幼儿401人。

【新塘幼儿园】 该园是浏河镇公办幼儿园，占地面积5960平方米，建筑面积3372平方米，设计规模2轨，每班35人，合计学位210个。教职工16人，其中太仓市学科带头人1人，在园幼儿212人。

（王爽）

小学教育

【概况】 2020年，太仓市明德小学共有教职工130人，学生2378人。太仓市浏河镇新塘小学招收学生4轨，有教职工60人，学生861人。两校强化师资队伍建设，打造率先垂范的教师队伍，积淀意蕴深厚的学校文化，推进小学教育教学质量提升。

【明德小学】 2020年，太仓市明德小学有学科带头人10人，其中高级教师3人、苏州市学科带头人2人。学校获得江苏省青少年科技教育“五星级先进集体”、苏州市中小学社团建设先进学校、太仓市“2017—2019年度文明校园”等荣誉称号。有在研课题9个，通过各课题的日常研究，打造独特精致的校本课程。在“健雄精神”教育发展主题引领下，构建“4S”课程体系（SKP国家课程、STE少年科学院课程、SLA少年人文学院课程、SPH少年体育学院课程）。除国家课程外，其他三类课程都在学习水平上由低到高分为三个层次。寻路课程是普及水平的兴趣课程，提供选择的机会引导学生寻找并发现自己的兴趣；登山课程为有明确兴趣特长的学生提供课程平台；高峰课程为有专业特长的学生提供专业训练和展示平台。“4S”课程体系是学校办学理念下的“面向人人、面向生命、面向未来”的教育课程，为每一位学生搭建适切发展平台。

【新塘小学】 新塘小学聚焦课堂教学，强化师资培训、教科研交流与课程建设，教师队伍建设取得积极成效，太仓市年度教育质量综合评估获得优秀。学校有学科带头人5人，其中高级教师2人、苏州市学科带头人2人。年内，在苏州市教育科学“十三五”规划课题中，申报学科课题成功结题1个，在科研兴校道路上又前进一大步。在太仓市优秀微型课题交流研讨中，组织教师参与微型课题项目申报，太仓市微型课题成功结题1个，并获优秀等次。学校先后获得太仓市中小学教育特色项目建设评比一等奖，太仓市科学教育综合示范学校，中国最佳楹联教育基地等荣誉，为学生全面发展提供优秀平台。做强做亮学校绳毽特色品牌，开展书法校本培训，提升学生综合素质。在太仓市2020中小学阳光体育联赛小学组跳绳、踢毽锦标赛中获团体总分第一名，在2020年江苏省学生跳绳、踢毽锦标赛（小学组）中分获一等奖。

初中教育

【概况】 2020年,浏河镇有初级中学1所,即太仓市明德初级中学。学校占地4.18万平方米，建筑面积2.5万平方米，属于公办初级中学，招收浏河镇域内13—16周岁适龄青少年。2020年，学校设置11轨33班,有在校学生1497人,教职工125人,其中中高级职称56人。

【教育资源】 2020年，太仓市明德初级中学执行国家课程计划，开足开齐各类课程，为学生提供充足教育资源。设有藏书室3个、阅览室3个、物理实验室4个、化学实验室3个、生物实验室3个、计算机网络教室3个。开展科技节、读书节、艺术节、安全教育、人防教育等专题教育活动。严格落实1小时“阳光体育”活动，创建明德特色校园文化，学生100%参加至少1个兴趣小组或社团。拥有合唱队、篮球队等学生社团，建立绘画、电子百拼、信息技术等兴趣小组。健全完善各项规章制度，强化安全防范措施，排除安全风险隐患，通过国旗下讲话、黑板报、宣传橱窗、休业式广播会等途径及苏州市学校安全教育平台，落实“全覆盖、无死角、零容忍、重实效”原则，建设平安校园。充分挖掘学校人文资源，大力弘扬吴健雄科学精神，逐步形成科技教育特色。获评苏州市青少年科技教育特色学校，多次获评江苏省青少年科技教育五星级先进集体、创建江苏省最具影响力初中先进集体、江苏省实施素质教育先进学校等。

【特色教育】 2020年，太仓市明德初级中学发挥苏州市爱国主义教育基地——吴健雄墓园教育功能，开展学生思想品德教育，学习并弘扬“爱国、至善、求是、创新”吴健雄精神，促进学生身心健康发展。德育办与明德校团委联合开展“追寻伟人足迹，争做优秀团员”主题团日活动，激励明德学生积极进取、勤奋刻苦、勇攀高峰。

（王爽）

科学技术

【概况】 2020年，浏河镇贯彻落实创新驱动发展战略，强化企业主体地位，突出科技引领作用，开展深度挖潜，激发企业活力，推动企业转型升级。全年申报国家高新技术企业38家，净增国家高新技术企业16家，获批江苏省高新技术企业培育入库26家；申报江苏省社会发展项目1个、江苏省科技进步奖1个、江苏省级工程技术研究中心3个、苏州市级工程技术研究中心1个；获评江苏省研究生工作站1个、江苏省民营科技企业23家、太仓市科技发展计划项目2个；申请发明专利128件，获专利授权577件；“慧创未来科技孵化器”获太仓市级孵化器认定。

【高新技术企业选介】 苏州好博医疗器械股份有限公司，位于浏河镇紫藤路8号，专注于康复医疗产业，致力于康复设备的研发、生产、销售、服务和产业化运营，产品涵盖中医康复、神经康复、骨科康复、心脏康复、运动康复、孕产康复、康复评估等。公司获得国家重点专项“中医药现代化研究”项目立项，企业上市工作有序开展。2020年，公司成立润洲康复技术研究院，推动形成以研究院为中心的康复医疗技术产业聚集地，打造“康复医疗器械谷”。

（金鑫）

科技人才

【概况】 2020年，浏河镇紧扣高质量发展要求，拓宽招才引智工作思路，抓好上级领军人才项目各项申报和服务工作。全年入围江苏省双创人才面试环节1个，获评姑苏领军人才项目2个、太仓科技领军人才项目5个，姑苏第二批重点产业专项有效申报数3个。获评领军人才项目数量创浏河镇历史新高。持续优化引才载体，盘活民营厂房载体5374平方米，改建并同步引进第三方运营机构，成立慧创未来科技孵化器。全年新增企业创新人才1805人，完成全年任务225.6%。获评2020年度太仓市人才工作创新进步地区。

【招才引智活动】 2020年，浏河镇借助苏州国际精英创业周期间人才集聚苏州的主场优势，谋划招才引智特色活动，举办光电智能制造项目投资交流专场活动，签约落户人才项目11个。

【领军人才项目选介】 基于人工智能技术的固废全生命周期管理处置系统。项目持有人林多多，美国佐治亚理工学院环境工程、地理信息科学技术双硕士，苏州伯德环境发展有限公司执行董事，兼任中国城市环境卫生协会村镇垃圾治理专业委员会委员。2019 年，林多多基于多年研究成果从美国到浏河镇创办苏州伯德环境发展有限公司，为垃圾智能分类、收运处置提供高效、低成本的智慧解决方案。2020 年，林多多获评姑苏创新创业领军人才、太仓科技领军人才。

（何诗怡、李连峰）

科学普及

【概况】 2020 年，浏河镇把握“一个中心”（以经济建设为中心）以及“四个服务”（服务科技工作者、服务创新驱动发展战略、服务公民科学素质提高、服务党委政府科学决策）基本思想，发挥科普宣传坚实作用，以“搭平台、促交流”为思路，鼓励企业加大开展学术交流活动力度，打造常态化战略性科普活动品牌，组织优内容、正能量青少年科普活动，营造讲科学、爱科学、学科学科普氛围，提升全民科学文化素质水平。

【科普活动】 2020 年，浏河镇利用各类宣传载体在科学防疫上做出应有贡献。围绕新时代文明实践要求，开展红旗小学阅读节、青少年创新科普课、VR 消防体验、流动科技馆等特色亮点活动。利用“你点我讲”平台，在村（社区）、学校、企业开展健康养生、垃圾分类、科普文化等主题讲座 14 场。在渔村社区、浏南村开展知识竞猜和摆摊活动，发放各类宣传资料上万份。邀请江苏省农技推广中心老师开展新技术推广活动，打造农业服务平台和农业技术互联网 + 模式。浏河镇积极支持苏州好博医疗器械股份有限公司承办中医康复技术与设备研讨会活动。东仓村获评苏州市科普示范村，东方社区获评太仓市科技社区。

（周珺）

文化体育

群众文化

【概况】 2020年，浏河镇本着“贴近实际、贴近生活、贴近群众”原则，以“全民建成小康社会”为主题，结合节庆文化，开展“百姓舞台”“我们的节日”系列活动、“娄城奏凯歌　国琴敬英雄”古琴专场公益演出、“万众一心战疫情”浏河镇书画作品展、第六届“江南画风”中国书画摄影名家邀请展等线上、线下活动40余场。

2020年3月27日，浏河镇举办“百姓舞台‘疫’起演”活动（镇建设局供稿）

【“笔墨送祝福　文化暖万家”】 2020年，浏河镇新时代文明实践所携镇文联，分别在邢少兰艺术馆、镇邻里生活馆和新塘社区举办“我们的节日”系列主题活动，为浏河居民送去新春祝福，每个活动点书写春联百余幅。大家一边欣赏书法作品，一边品味春联寓意，营造春节良好氛围。

【“百姓舞台‘疫’起演”】 2020年3月27日下午，浏河镇依托“学习强国”视频会议功能，开展“百姓舞台‘疫’起演”，以艺为“媒”，创新同心抗疫。自2016年以来，浏河镇每月18日开展“百姓舞台”文艺惠民

2020年1月16日，在浏河镇邻里生活馆举办“笔墨送祝福　文化暖万家”活动（镇摄影协会供稿）

2020 年 5 月 9 日，在朱屺瞻纪念馆开展“万众一心战疫情”浏河镇书画作品展（镇建设局供稿）

活动，打通文化惠民“最后一公里”。

【“娄城奏凯歌　国琴敬英雄”琴近浏河公益演出】　2020 年 5 月 5 日下午，浏河镇在邵滨孙纪念馆内举办“娄城奏凯歌　国琴敬英雄”琴近浏河公益演出，太仓娄江琴社的老师们以传承国琴的方式为战疫贡献出一份力量，用琴声赞颂太仓市主动请战、奔赴一线的 42 名白衣战士。

【“万众一心战疫情”浏河镇书画作品展】2020 年，自新冠肺炎疫情发生以来，浏河镇新时代文明实践所联合镇文联、镇书画协会组织发动书画爱好者以笔作“枪”，创作抗击疫情主题的书画作品。5 月 9 日下午，“万众一心战疫情”浏河镇书画作品展在朱屺瞻纪念馆开幕。展出书画作品 31 幅，作品讴歌最美逆行者，擂响众志成城的战鼓，为中国加油，为世界加油。

【“翰墨飘香”书画公益培训班】　2020 年，浏河镇继续依托新时代文明实践所载体功能与服务平台，发挥文化服务志愿服务团队的作用。第二期“翰墨飘香”书画公益培训班于 5 月 16 日在浏河镇邢少兰艺术馆正式开班。该培训班旨在打造特色志愿服务项目，丰富群众文化生活，引领群众从“翰墨飘香”中感悟和体验优秀传统文化，以文化人、成风化俗。

【“古镇七夕夜　戏曲大家唱”主题晚会】2020 年 8 月 24 日晚，一场以传统戏曲为主题的晚会在浏河古镇长廊处上演，文化志愿者们以饱满的精、气、神，为现场观

2020 年 8 月 24 日，浏河古镇举办“古镇七夕夜　戏曲大家唱”主题晚会（镇摄影协会供稿）

众带来经久不衰的传统剧目，在弘扬传统文化的同时，为浏河古镇增添了浓郁的节日气氛。

【第六届“江南画风”中国书画摄影名家邀请展暨“‘四王’与江南”学术研讨会】 2020 年 9 月 23 日，第六届“江南画风”中国书画摄影名家邀请展在浏河镇开幕。来自上海、江苏、浙江、安徽等地的 129 位知名书画家、摄影家参与创作。作品以浓墨重彩展示江南文化、娄东文化，以捕光逐影定格精彩瞬间，以丹青妙手描绘美好明天。共展出美术作品 39 件、书法作品 35 件、摄影作品 68 件，展期 1 个月，以书、画、影的形式讴歌新时代，提高公众对中国书画艺术的鉴赏能力。当天，浏河镇被上海市文联和长三角文艺发展联盟授予“长三角书画名镇”称号，艺术家们向浏河镇政府捐赠作品 20 件，举行“‘四王’与江南”学术研讨会。

2020 年 9 月 23 日，浏河镇举办第六届“江南画风”中国书画摄影名家邀请展暨“‘四王’与江南”学术研讨会（镇建设局供稿）

【浏河镇“喜迎国庆、欢度中秋”专场文艺晚会】 2020 年 9 月 30 日晚，为庆祝中华人民共和国成立 71 周年，浏河镇在新时代文明实践广场上举行“喜迎国庆、欢度中秋”专场文艺晚会。活动以“同心奔

2020 年 9 月 30 日，浏河镇举办“喜迎国庆、欢度中秋”专场文艺晚会（镇摄影协会供稿）

小康、歌唱新时代”为主题，由浏河镇文明实践所主办，浏河镇建设局（文体站）承办，浏河镇文学艺术界联合会协办。广大群众和文艺爱好者们欢聚一堂，载歌载舞，共庆双节，用最朝气蓬勃的面貌，感受新时代的脉搏。

【传统戏曲进校园】 2020 年 11 月 27 日下午，浏河镇新时代文明实践活动——2020 传统戏曲进校园活动在太仓市明德小学风雨操场内举办。活动旨在将戏曲艺术融入校园文化建设，使青少年近距离接触戏曲文化，感受中华民族优秀传统文化魅力，

2020 年 11 月 27 日，浏河镇举办传统戏曲进校园活动（镇建设局供稿）

营造师生广泛学唱、爱唱戏曲的氛围，发扬中华优秀传统文化。

【“我身边的小康”征文活动】 2020年，浏河镇举办“我身边的小康”征文活动，旨在激励浏河镇市民群众的爱国主义情怀，当好主人翁、同心奔小康，讲好新时代中国故事、浏河故事，讲述市民生活变迁、奋斗历程和未来展望，培育文学创作队伍。活动开展以来，收到稿件35篇，作者们从各侧面反映改革开放以来人民群众物质生活和精神生活发生的巨大变化，多视角反映小康生活的新面貌，突出生活在中国无比幸福的主题，热情讴歌新时代。

（顾晓丹）

文艺创作

【概况】 2020年，浏河镇挖掘地方文化资源，组织编排小合唱《浏河赞歌》；为庆祝全面建成小康社会，创作独角戏《不像话》、表演唱《垃圾分类让浏河的明天更灿烂》、舞蹈《悠悠江水绵绵情》等。

【“百团大展演”群众文艺创作节目大赛】 2020年，浏河镇为促进繁荣基层文艺创作，鼓励业余文艺爱好者多出精品佳作，在全镇范围征集创作作品。经过线上报名，线下角逐，独角戏《不像话》获创作二等奖、表演一等奖，小合唱《浏河赞歌》获创作二等奖、表演三等奖，表演唱《垃圾分类让浏河的明天更灿烂》获创作二等奖、表演二等奖，舞蹈《悠悠江水绵绵情》获表演二等奖，舞蹈《乐春风》获表演三等奖。

（顾晓丹）

志鉴编修

【《文化浏河》再版】 2014年《文化浏河》第一版出版，通过“古港老镇”“人文荟萃”“浏河盛景”“民俗风情”“美好愿景”5个部分介绍浏河镇人文历史、自然风光、民情风俗、人居环境。2020年，浏河镇对《文化浏河》第一版加以梳理、更新、完善、补充，并再次出版，为浏河留下重要史料。

【《浏河诗咏》（当代篇）】 2020年，浏河镇与太仓市诗词协会以文化接力为理念，合作开展诗词创作活动。将2015年出版的《浏河诗咏》界为“古代篇”，继续创作《浏河诗咏》（当代篇）。该书由浏河镇党政办公室、镇文联总体策划，太仓市诗词协会具体运作，全数录用今人原创作品，全部采用传统格律诗词，分“万里江风”“千年古韵”“百味乡情”“大美田园”4个部分，客观记录浏河现代江村景色和人文风采，表达了太仓当代诗人对浏河的美好祝愿，是一份珍贵的史实资料，为浏河璀璨文化集贝添珠。

（顾晓丹）

2020年8月20日，浏河镇召开《浏河年鉴（2020）》编纂工作会议（印莺摄）

【《浏河年鉴（2020）》】 2020年8月，浏河镇启动太仓市首部镇级年鉴——《浏河年鉴（2020）》编纂工作，全面、客观、系统反映2019年全镇自然、政治、经济、文化、社会和生态文明等方面的基本情况。全书设类目24个、分目131个、条目526个，收录图表14张、卷首图片62幅、随文图片136幅。12月，通过太仓市史志办公室审稿，进入出版阶段。

（印莺）

图书阅读

【概况】 2020年，浏河镇图书馆建筑面积400平方米，有藏书3.2万余册、报刊100余种，阅览座位40个，设有电子阅览，实现自助借还。全年读者1000余人，服务1.1万余人次，书刊文献借阅量7000余册。全镇设有基层综合性文化服务中心15个、农家书屋8个，为居民提供就近、便捷的图书借阅服务。

【全民阅读春风行动】 2020年1月22日，浏河镇新时代文明实践所在镇图书馆开展全民阅读春风行动——“带本好书回家过年”，有20余名未成年人参加。活动开始，孩子们前往书柜挑选感兴趣的书，然后阅读，写下感想。在读书交流时间，孩子们畅所欲言，一起分享读书过程中发现的问题及获得的启发。

【“疫”起亲子阅读21天】 2020年4月9日，浏河镇图书馆开展“疫”起亲子阅读21天线上活动，引导广大家庭在疫情期间，开展一场特别的家庭教育。家长以拍照的方式来记录这条阅读之路，鼓励孩子们坚持下去，让阅读成为一种常态。活动中，在爸爸妈妈的陪伴下，孩子们用小眼睛看大世界，与父母一起在书海中漫步。

此次活动拉近了家长与孩子的距离，让孩子和家长们一起在图书王国里体验和感受快乐的阅读之旅。

【“悦”读“浏”年】 2020 年 5 月 9 日起，每周六通过“浏河发布”微信公众号平台发布美文朗读音频推文，以经典阅读、诗词赏析、话说小康、乡村振兴四大主题为主。来自浏河镇机关各办局及村（社区）的朗读爱好者，通过朗读录音的方式分享阅读的愉悦，留住似水年华。

【全民阅读】书香浏河 品质生活—— “悦”读“浏”年①

浏河发布 2020-05-09

腹有诗书气自华，最是书香能致远。为响应党中央“倡导全民阅读，建设书香社会”的号召，太仓市浏河镇精心打造“书香浏河 品质生活”品牌。此次推出的线上栏目：“悦”读“浏”年旨在通过朗读分享美文的方式营造全民阅读氛围，大兴读书学习之风，大力培育人文精神，以阅读的愉悦留住似水的流年。

2020 年 5 月 9 日，浏河镇“悦”读“浏”年活动“浏河发布”公众号推送（镇建设局供稿）

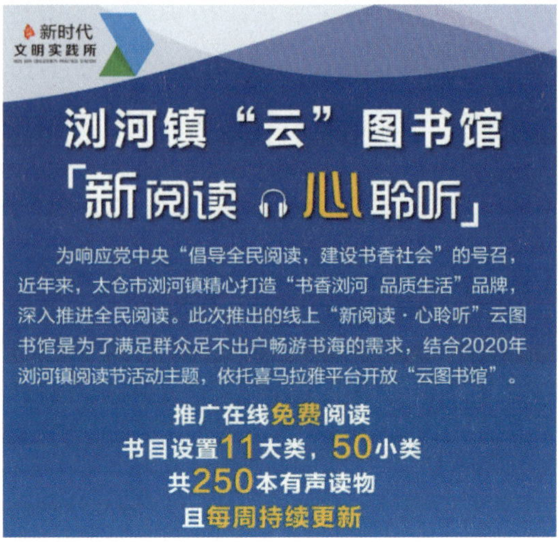

浏河镇“云”图书馆“新阅读·心聆听”活动海报（镇建设局供稿）

【“新阅读·心聆听”】 2020 年 4 月起，浏河镇依托喜马拉雅平台开放“云”图书馆，推广在线免费阅读，书目设置 11 大类 50 小类，有有声读物 250 本，每周持续更新。线下设立镇图书馆、邻里生活馆、东仓村宣传点 3 个，以通俗易懂的方式向群众介绍“新阅读·心聆听”“云”图书馆的使用方式，让“有声阅读”惠及更多群众。

（张铃铃）

遗产保护

【概况】 2020 年，浏河镇有文博、文保单位 19 处，其中国家级重点文物保护单位 1 处（天妃宫遗迹）、市（县）级文物保护单位 7 处、文物古建控制保护单位 5 处、

2020 年 6 月 19 日，浏河镇受邀参加太仓市第五届江南丝竹演出季（基层行）演出（镇建设局供稿）

新发现 5 处以及博物馆 1 处（朱屺瞻纪念馆）。年内，浏河镇相关部门实地走访勘察文保单位，排查安全隐患。

【非遗保护宣传】 2020 年，浏河镇非遗节目《摇大橹》《渔民号子》受邀参加“多彩夏日　活力娄东”——太仓市文体旅活动季“文化和自然遗产日”太仓非遗展示展演活动。组织非遗传承人进校园开展非遗推广，应邀参加太仓市第五届江南丝竹演出季（民办学校行）、太仓市第五届江南丝竹演出季（基层行）等活动，宣传浏河镇非物质文化遗产，加强非物质文化遗产沟通交流。

（顾晓丹）

体　育

【概况】 2020 年，浏河镇举办“郑和杯”第四届乒乓球联赛、第三届羽毛球联赛和篮球联赛。开展 8 月 8 日“第十二个全国全民健身日”展示系列活动，为全镇体育事业发展奠定群众基础。开展庆祝重阳节老年人广场舞展示、老年人健步走大联动活动，将健康理念融入老年人日常生活，让健康、快乐、自信、充实的老年人形象走向社会。参加太仓市级以上体育活动，为全市体育事业提供支持。承办2020年“舞动江苏”广场舞大赛暨“中国银行常青树”杯苏州市第十届广场健身舞大赛（太仓赛区），浏新花苑舞蹈队获二等奖，乐淘淘舞蹈队和古港艺术团获三等奖。参加太仓市第十四届百村篮球赛，闸北村获亚军。组织太仓市第六届乒乓俱乐部联赛、老年人毽球比赛、太极拳个人赛。完成太仓市国民体质测试任务，达成浏河镇国民体质测试目标。

【体育设施建设管理】 2020年，浏河镇开展太仓市室外健身设施检查摸底工作，推进浏河镇体育惠民实事工程，维修更换村（社区）健身路径10套。发挥村（社区）体育健身设施管理员、网格员作用，完善设施巡查更新上报制度，拓宽全民健身服务半径，推进全民健身计划实施。

【太仓市“舞动江苏”广场舞大赛】 2020年8月8日，浏河镇承办“中国银行常青树”杯苏州市第十届广场健身舞大赛（太仓赛区），吸引全市各区镇参赛队伍18支。大赛以百姓喜爱的广场舞为载体，大力倡导科学、文明健身方法，拓展文明实践活动内容，弘扬时代文明新风，丰富百姓夜生活，吸引百姓加入健身锻炼队伍。通过激烈比拼，浏新花苑舞蹈队获二等奖，乐淘淘舞蹈队和古港艺术团获三等奖。

【“全民健身周”武术展演专场】 2020年8月16日，在浏河镇新时代文明实践广场举办“夜太美·为‘浏’而来”体育系列之“浏河镇武术展演专场”。太极剑、木兰扇、白猿通背拳等功法轮番上阵，刀、剑、扇、棍等器械竞相上场，展现出表演者的力量、速度与功底。

（王爽）

卫生健康

爱国卫生

【村庄环境长效管理】 2020年，浏河镇梳理上报各村村庄整治点，8个行政村共上报村庄整治点109个，涉及居民户数5184户。农村新建、改建达标公厕2座。对8个行政村的农村卫生户厕进行全面排查，取缔“返潮”露天粪坑，提档升级改造卫生户厕，2020年镇级奖补农村改厕经费109.16万元。浏河镇东仓村荣获太仓市2020年度村庄环境长效管理工作优秀行政村表彰。评选表彰2020年度浏河镇“十佳乡村美容师”10名。浏南村、东仓村等7个村顺利通过省级卫生村复审。

【健康村（社区）建设】 2020年，浏河镇闸北村、复兴社区开展江苏省健康村（社区）建设；新闸村、河北社区和紫薇苑社区开展苏州市级健康村（社区）建设。组织创建单位开展集中业务培训1次，邀请市爱健办领导专题培训及现场指导。先后通过太仓和苏州市级专家组考核验收村（社区）4个，成功创建苏州市级和江苏省级健康村（社区）。

【健康促进与健康教育】 2020年，浏河镇开展健康讲座、健康咨询活动37场，参与2735人次，发放宣传资料1万余份。在15个村（社区）开展健康自管小组活动，每个小组招募组员20人，按照规范活动6次，小组成员学习自测血糖、血压技能，掌握慢病管理、合理膳食等相关知识，掌

2020年7月9日，浏河镇开展“中医夏季养生”主题讲座（镇综合行政执法局供稿）

握健康自我管理技能。开展健康家庭评选活动，评选镇级健康家庭50户。

【病媒生物防制】 2020年，浏河镇结合疫情防控和统一消杀活动，落实第三方服务机构加强四害消杀，增补毒饵站，通过喷洒药物灭杀露头蚊蝇。对镇区公共环境到期服务重新采购，2年服务总计投入18.9万元；新增新塘管理区、悦公馆病媒生物示范小区建设服务采购，2年总计投入7万元。两个标段服务均正常开展。动员居民参与集中灭鼠和消杀蚊蝇活动，发放有害生物防制宣传折页800份，发动居民通过“周末卫生日”活动，从家庭环境着手，清理卫生死角，清除积水容器，消灭蚊虫。

【爱国卫生宣传】 2020年，浏河镇利用爱国卫生月宣传爱国卫生知识，通过“浏河发布”及各村微信公众号线上推送爱国卫生运动倡议书，宣传爱国卫生运动成功实践。利用镇区公益广告位、宣传栏、电子屏等宣传爱国卫生知识，制作张贴爱国卫生月宣传海报600份，提高居民“爱国卫生运动”认知。联合浏河人民医院、镇司法所、工会等部门，通过进企业、社区和上街等形式，全年开展爱国卫生宣传24次，发放健康知识宣传折页、健康支持工具等5000余人次，为居民免费测量血压、血糖。（沈洁）

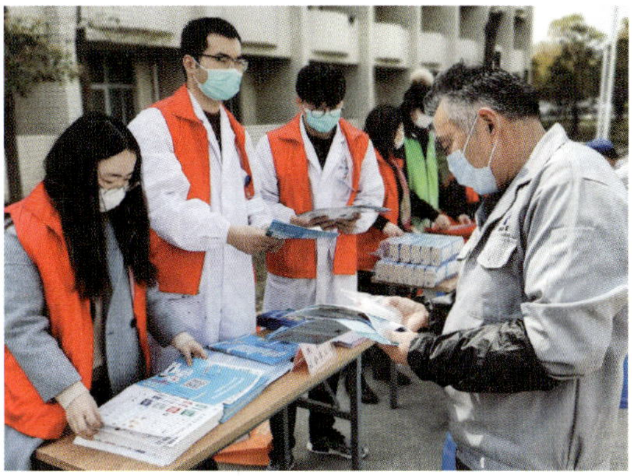

2020年3月25日，爱国卫生进企业宣传（镇综合行政执法局供稿）

人口和计划生育

【概况】 2020年，浏河镇常住人口9.8万人，其中户籍人口51740人，育龄妇女11185人。户籍人口出生272人，其中男性156人、女性116人。流动人口52678人。

【优化生育服务】 2020年，浏河镇依法实施优化生育服务，全年办理生育登记330份（其中流动人口149份），再生育审批8对，办理独生子女父母光荣证48人；全年审核持证退休职工一次性奖励684人，新增部分农村独生子女家庭奖励152人，新进特别扶助对象登记16人，计生奖励扶助政策兑现率100%。

【特殊家庭帮扶】 2020年，浏河镇“连心家园”（关爱计划生育失独家庭服务品牌）作为江苏省连心家园项目示范点，打造品牌、深化服务。结合“5·29计生协会会员活动日”开展走访慰问活动，全年探病走访慰问特殊家庭100余次，其中春节期间发放慰问金7.82万元。年内浏河镇在特扶对象、失独家庭成员家庭医生全覆盖基础上，提高家庭医生服务标准，增加服务项目，保障服务对象全年足不出户享受专业医生服务；通过元宵节、端午节、中秋节等节日活动，开展异地疗伤、团体心理辅导、集体祝大寿、生日送鲜花蛋糕、夏令慰问等活动，延伸计生特殊家庭服务功能。

【优质计生服务】 2020年，浏河镇强化政策宣传，做好流动人口均等化服务，关怀儿童身心健康、继续打造关爱女孩品牌。进企、村居、车站，开展“春风行动”（流动人口关爱服务）、“流动人口育龄妇女维权周”“均等服务百日惠民行”等服务专题宣传活动8次。提供免费技术服务126人次，报免医药费2.54万元，落实长效措施奖励育龄妇女16人；随访新生育者191人；开展免费孕环情况检查208人次。组织两癌筛查和妇女病普查工作，完成两癌筛选3050人、妇女病普查366人。关怀儿童身心健康，六一慰问赠书500余册；开展结对助学活动，结对儿童8名。开展关爱女孩活动，开展满足19名女孩的新年愿望、六一赠书、生日蛋糕、秋季开学等慰问活动4次。

（徐燕）

浏河人民医院

【概况】 太仓市浏河人民医院建于1906年，前身是美国安息浸礼会创办的教会医院，原名“惠中医院”。1951年下半年，太仓县接收浏河惠中医院，1952年更名为浏河人民医院，后发展成综合性医院。1991年浏河镇卫生院合并到浏河人民医院。2012年5月启动新医院异地新建，2017年6月正式启用。2017年12月启动二级医院创建；2019年12月，通过苏州市卫健委现场评审，正式成为二级乙等医院。医院集医疗、预防、保健、康复、健康教育、计划生育于一体，辐射太仓东部。2020年，医院在职职工289人，其中正式编制人员205人、编外人员84人（包括退休返聘12人、劳务派遣8人）；有高级职称者50人，有中级职称者80人。医院科室齐全，以微创外科、妇产科、心脑血管病、骨科等为特色，下设第二门诊部1个、社区卫生服务站5个。

【医疗设施健全】 2020年，为应对突如其来的新冠肺炎疫情，医院启动发热门诊建设，添置相关设备，完成PCR实验室建设。配合卫健委完成苏州市医疗健康大数据中心建设，实现区域医疗大数据互通；增设放射科胶片自助打印设备，升级自助挂号缴费系统，不断满足病人需求；开展SPD耗材项目，逐步推进医院精细化管理；在太仓市率先全面使用门诊医生站数字证书CA。

【医疗水平提升】 2020年，太仓市浏河人民医院对标二级甲等医院要求，强化与细化医院管理，制定医疗质量要求，完善医疗质量PDCA闭环管理模式，提升医疗质量及医疗服务水平。11月，通过江苏省社区医院评审，成为江苏省基层特色科室省级孵化中心护理孵化基地。

【医疗平台拓宽】 2020年，太仓市浏河人民医院与上海多个三级综合医院建立合作关系；主动与上海龙华医院胃肠消化科、神经内科对接，10月，开设特色门诊；12月，在日常教学查房门诊基础上，成为上海九院骨科专科联盟单位。全年专家门诊接诊1.02万人次，完成新技术手术172台（受新冠肺炎疫情影响），让百姓在家门口就能享受到上海九院优质技术和服务，缓解太仓市级人民医院就诊压力。

【多措并举抗疫】 2020年，太仓市浏河人民医院积极应对新冠肺炎疫情，多措并举，抓好预检分诊、卡口测量体温、居家（集中）隔离人员医学观察、高铁站值守、涉外人员转运、患者陪护职工核酸检测等防控重点，完善医院预检分诊和发热病人就诊流程等，严格落实疫情期间陪护规定、手术管理、重点区域的消毒消杀等，推进规范化发热门诊改造。

新塘卫生院

【概况】 太仓市浏河镇新塘卫生院始建于1985年，房屋建筑面积2014平方米，有标准社区卫生服务站3个，是太仓市首批一级甲等卫生院。承担服务区域内基本医疗、预防、保健、康复、健康教育和计划生育指导职能，构建卫生服务体系。2020年，卫生院有职工46人，社区副主任医师8人、主治医师10人，有初级职称者20人。全院编制床位20张，实际开放床位25张，服务患者7.59万人次。开设诊疗项目有内科、外科、妇科专业、中医科、预防保健科、围产期保健专业、医学影像科、医学检验科、肠道传染病专业。医院硬件设备配置合理，拥有数字化DR-X光机、彩色B超机、黑白B超机、乳腺诊断仪、十二道心电图机、全自动生化分析仪、全自动血液分析仪、尿液分析仪、多参数心电监护仪、酶标仪、电解质分析仪、牙科综合治疗仪、胎心监护仪、康复组合器材等医疗设备。新塘卫生院以“健康管理为平台”“家庭医生签约服务”为抓手做好基本医疗和公共卫生服务。全院职工发扬团结、奉献、求实、创新精神，内增素质，外创一流，为构建和谐社会做贡献。

【医疗机构升级】 2020年，太仓市浏河镇新塘卫生院启动基层医疗卫生机构提档升级工程，新建新塘社区卫生服务中心，建筑面积6000平方米，设医疗床位30张。

【服务能力提升】 2020年，卫生院成功通过国家“优质服务基层行”基本标准单位的审核，获得太仓市依法执业竞赛团体第一，并在全市综合考核中名列第一。

【疫情防控】 2020年，太仓市浏河镇新塘卫生院积极做好新冠肺炎疫情常态化防控，多措并举，抓好预检分诊、卡口测量体温、居家（集中）隔离人员医学观察、高铁站值守、涉外人员转运、重点人员核酸检测等防控工作，严格落实疫情期间陪护规定，做好重点区域的消毒消杀等工作，完成新冠肺炎防控的宣传和培训。

【健康教育】 2020年，太仓市浏河镇新塘卫生院通过发放健康教育资料、播放音像资料、开展健康咨询讲座，传播健康知识，提升村（社区）居民健康素养。全镇累计发放健康宣传资料万余份，设置并定期更新健康宣传专栏百余期，开展公众健康咨询活动、举办专题健康知识讲座多次，筑牢了国民健康基础。

【协助卫生监督】 2020年，太仓市浏河镇新塘卫生院协助做好卫生监督工作，开展食品安全信息登记报告、饮用水安全巡查、学校卫生指导及非法采供血巡查等工作，卫生监督协管服务逐步延伸至全镇各个角落。全年完成太仓市下达的学校用水巡查、供水单位从业人员业务培训和学校传染病防控查询任务，指导学校建立相应健康教育宣传栏，开展校医培训，完成率100%。

【重性精神疾病管理】 2020年，太仓市浏河镇新塘卫生院通过江苏省重性精神疾病患者信息管理系统，加强严重精神障碍患者的随访管理和健康检查。全年规范管理严重精神障碍患者88人，太仓市第三人民医院代管3人，管理率为100%，严重精神障碍患者规范管理率100%，严重精神障碍患者稳定率100%。

【为民实事工程】 党员带头开展家庭医生精准式签约服务，给高血压、糖尿病、骨质疏松、慢性阻塞性肺病等人群发放“绿卡”——家庭医生健康管理服务联系卡，持卡居民除了能享受减免门诊诊疗、家庭医生上门等费用外，家庭医生还会针对有不同健康问题的居民制定个性化的筛查、检查和管理服务内容，优先建立家庭病床。通过精准式签约服务不断提升防病、治病成效，从而提升辖区居民健康水平。该项目自2020年3月实施以来，已有100多名居民与家庭医生达成了精准式签约关系。

（王爽）

社会民生

劳动就业

【就业招聘会】 2020年4月8日起，浏河镇逐步恢复人力资源市场现场招聘活动，采用“苏城码绿码＋佩戴口罩＋测量体温”方式核验进场人员，实行招聘会限流，分时段、间隔性入场，由现场工作人员有序引导，避免集中入场。同一日2次（市场开放前1次，招聘结束后1次）清洁消毒招聘区域及设施设备，做好记录，严把防疫关。

【企业稳岗返还】 2020年，浏河镇加大失业保险稳岗返还力度，对符合条件的企业发放稳岗返还483万元；对面临暂时性生产经营困难且恢复有望、坚持不裁员或少裁员的参保企业，发放失业保险稳岗返还160余万元；疫情防控期间支持符合条件且具有相应培训能力的13家企业3373名职工开展项目制培训，发放补贴101万元。

【人社信息发布系统】 2020年，浏河镇组织人事和社会保障局通过村（社区）人社信息发布系统，发布最新人社政策、通知通告、各企业招聘需求，为企业提供招聘及复工交流平台，力保企业稳步复工，解决失业职工再就业问题。

【技能培训】 2020年，浏河镇完成补贴性职业技能培训2810人次，有6家公司共计586人开展技能提升培训，另有4家公司完成技能等级认定备案工作。

2020年4月8日起，浏河镇逐步恢复人力资源市场现场招聘，图为清洁消毒后的招聘区（刘岩摄）

【技能大赛】 2020年，浏河镇结合产业实际，开展中式烹调、叉车职业技能竞赛。来自6家大酒店的38名选手参加中式烹调竞赛，来自20家企业近40名职工参加叉车竞赛，其中排名前6的选手代表浏河镇参加第二届太仓市职业技能大赛中式烹调项目和叉车项目比赛。

2020年9月9日，“浏河镇厨艺大赛”比赛现场（刘岩摄）

劳动关系

【浏河劳动争议仲裁庭】 2020年，浏河镇组织人事和社会保障局受理劳动争议56件，处理结案50件，结案率89.29%，平均结案天数39.02天，早于规定的45天结案要求，有效预防化解企业与职工之间的纠纷，维护企业及员工合法权益113.49万元。

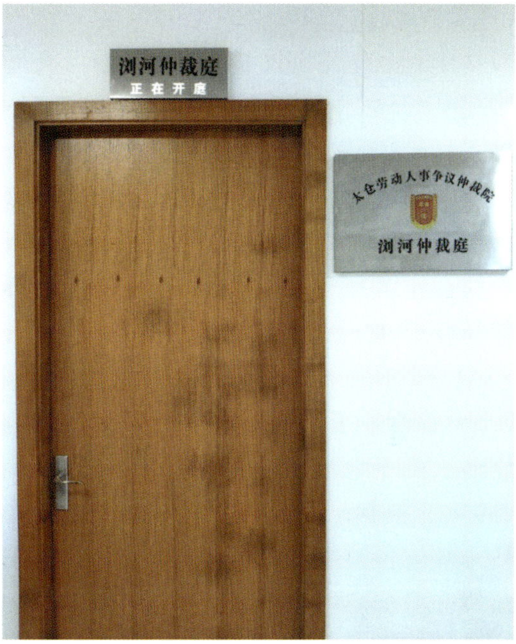

2020年10月9日，浏河劳动争议仲裁庭正在开庭（刘岩摄）

【基层劳动争议调解】 2020年，浏河镇组织人事和社会保障局运行“互联网+调解”线上调解平台，改进调解服务方式，规范调解工作程序，提高调解工作效能，发挥调解基础性、前端性作用。开展劳动人事争议优秀基层调解组织建设评估活动，创建基层企业调解组织5家，促进劳动关系协调，将劳资纠纷消灭在萌芽，化解在基层。

【劳动关系和谐企业】 2020年，浏河镇组织人事和社会保障局动员企业参与“苏州市劳动关系和谐企业”评选。申报苏州市级和谐企业9家，其中6家获评。推荐上报的太仓力九和塑胶工业有限公司入选苏州市劳动关系和谐企业协会会员单位。

2020年，6家企业获评“苏州市劳动关系和谐企业”（刘岩摄）

社会保障

【社会保险】 2020年，浏河镇落实党和国家社会保障各项政策，扩大社会保险覆盖范围，保证参保人员及时足额参保。1—12月，全镇新增社保登记开户单位526家，新增参保缴费12095人，其中新增单位参保9892人、灵活就业参保978人、新型农村合作医疗参保1225人。医疗保险报销结算5090人次。

【土地换保障】 2020年，浏河镇办理被征地农民土地换保障36批次，安置人员359人。根据《省政府关于规范企业职工基本养老保险省级统筹制度的意见》（苏政发〔2020〕45号）规定，梳理统计被征地农民4013人、农保缴费人员967人，签署“太仓被征地、城乡居民参保人员社会保险缴费情况征求意见书”，转换、折算被征地农民的土地换保障养老保险，确保同江苏省系统有序衔接，及时妥善安置失地农民。

【住房公积金】 2020年，浏河镇推进公积金覆盖工作，新开办企业社保开户数98家，其中公积金开户数43家，占比43.88%；新开办企业新增社保缴纳人数367人，其中新增公积金缴存人数139人，占比37.87%，完成年度覆盖目标。

（陈敏）

退役军人事务

【概况】 2020年，浏河镇及15个村（社区）建立退役军人服务站。至年末，有重点优抚对象90人。

【优抚保障】 2020年，浏河镇发放义务兵优待金87.78万元、优抚对象及现役军人普惠制慰问金36.44万元、八一普惠制慰问金18.72万元、优秀士兵奖励金0.93万元；慰问人武部、高炮团等部队，发放慰问品17.3万元；慰问现役军人家庭，发放慰问品2.16万元。

社会救助

【概况】 2020年，浏河镇有低保户87户148人、特困供养护12户13人、低保边缘户64户69人、无固定收入重度残疾人161户161人、一户多残13户19人、无业精神智力残疾人38户38人、重残护理补贴对象445人，全年发放救助金520.8万元。

【救助保障】 2020年，浏河镇新增困难群众临时救助对象38户，其中救急难15户，发放救助金4.03万元；审核专项医疗救助对象75户；为35户困难家庭学生发放慈善助学资金15.4万元；春节期间发放各类救助对象普惠制慰问金76.43万元。

养老工作

【概况】 2020年，浏河镇颐悦园有护理床位336张，护理床位数占总床位数的100%。全镇有老年人日间照料服务中心15个。其中新建1个，覆盖率100%；社会化运营15个，占比100%。居家养老服务2591人，较上年增长144人，居家养老服务率提升。

【养老服务】 2020年，浏河镇举办第四届养老护理员节，开展趣味运动会、专业技能理论、实操培训、最美护理员评比、护理员才艺展示活动。“护老者联盟”每月开展活动，提升照顾能力与技巧，减轻及舒缓老者压力。

社区建设

【概况】 2020年，浏河镇打造“共建共治共享”多元治理主体的社会治理新格局。推动幸福社区建设，新闸村获评太仓市四星级幸福社区，河北社区获评太仓市三星级幸福社区。

【政社互动】 2020年，浏河镇推进“四社联动”“邻里家园”“社会服务社会化”项目在7个社区和4个村落地。开展协商能动事项，在小区管理、环境卫生、扶贫帮困、志愿者服务等多个方面形成微治理项目22个，协商议事事项68个，化解社区矛盾。发挥邻里生活馆作用，全年出入1万人次；开展各类主题活动48场次，参与人员1800余人次；接待各类参观、访问、学习、会议等活动60次1600余人次；群众参与各类文艺、健身、休闲类等活动2500余人次。

社会事务

【地名管理】 2020年，浏河镇做好地名管理工作。年内完成临江景苑、江岸雅居、春江景苑、北辰路、苏驰路等命名登记；开展浏河镇地名规划编制工作，委托专业单位规划编制全镇道路、桥梁等名称。

【殡葬管理】 2020年，浏河镇做好散坟整治工作，以沿路沿线散坟作为整治重点，骨灰盒全部迁入浏河镇安息堂。规范殡葬机构管理，发挥殡仪服务中心作用，全年享受文明办丧补贴家庭102户，补贴金额20.4万元。

【困境儿童管理】 2020年，浏河镇有困境儿童21名，其中孤儿2名、事实无人抚养儿童1名、重病3名、重残15名，依托社会救助社会化项目对困境儿童定期关爱和动态管理。

（顾健）

村·社区

浏南村

【概况】 浏南村位于浏河镇西南侧，东临长江，西与上海市宝山区罗泾镇相连，南与上海市嘉定区华亭镇接壤，北依新浏河。村行政区域面积12.9平方千米，有自然村落31个，村民小组62个，户籍人口1913户5238人。

【党建工作】 2020年，浏南村党委下设支部6个，有党员249人，其中预备党员1人。深化建设“五韵浏南”党建品牌，建设浏南村党建展厅，开展“火红记忆唤初心　凝心聚力再出发”参观活动，深化发展与毛桥的跨省行动支部“邻里共治党支部”，落实村干部职业化体系建设，建设高素质干部队伍。完成村“两委”换届前调研，党建质量得到提升。

【村级经济】 2020年，浏南村土地流转面积占耕地面积93%以上，夏收小麦800吨，秋收水稻1400吨。在七十二家村种植果树13公顷多。长效管理劳务、股份合作社等5家。至年末，村总资产7012.1万元，村级稳定性收入1457.7万元，农民人均可支配收入3.72万元。

【文体活动】 2020年，浏南村新时代文明实践站开展志愿活动50余次。定期开展民俗文化活动、未成年人教育活动、道德讲堂、环境整治等活动，宣传文明家庭、身边好人等先进事迹。开展道德讲堂活动3次、未成年人活动8次，发布微信推送70条，挖掘好人好事1条。完善《“德润田园　清韵浏南”乡风文明积分管理制

2020年8月1日，浏南村开展“火红记忆唤初心　凝心聚力再出发”参观活动（浏南村供稿）

度》，并成立测评小组。

【民生工作】 2020年，浏南村收到原宅翻建申请26户，通过出宅建房4户。至年末，拆迁签约49户，其中完成安置45户。民政条线发放慰问金及救助金20余万元，居家养老服务率90.5%，救助困难家庭49户，惠民措施取得实效。

【综合治理】 2020年，浏南村提升人居环境，取缔长江东路和周边散乱污废品收购点、养殖点16个，拆除违法搭建8000余平方米，复耕土地3000余平方米。开展农房违法建设专项整治行动，完成拆迁工作片区4个，拆除农房违建89户，拆除面积9980平方米；建设许家滩、陈家宅三星级康居乡村2个。推进环境卫生长效管理，完成环境卫生整治重点村庄16个、一般村庄3个。完成卫生户厕的提档升级改造工作100户；垃圾分类全覆盖，垃圾分类扫码率92%。

2020年6月30日，浏南村开展垃圾分类入户宣传活动（浏南村供稿）

（范居一）

东仓村

【概况】 东仓村位于浏河镇西侧，郑和东路和新浏河横贯东西，338省道纵贯南北。全村总面积2.97平方千米，耕地面积165.2公顷。建有烟叶原料储存基地4万平方米、东仓大厦1.4万平方米、标准厂房1.5万平方米、商住楼2幢8000平方米。2020年，有村民小组23个，户籍人口652户2350人，村级总资产1.66亿元，村级集体资产达3.24亿元，村级稳定性收入3006万元。

【党建工作】 2020年，东仓村有党员115人，召开党员会议12次。抓好“三会一课”、组织生活会、“5+X”主题党日等活动。书记带头讲好“知史爱党”专题党课，

2020年9月27日，东仓村“同心圆”工作室成立（许震亚摄）

2020 年 1 月 18 日，东仓村书记项目启动仪式暨“最美”系列颁奖（许震亚摄）

组织党员参观苏中七战七捷纪念馆，举办庆祝中华人民共和国成立 71 周年开放式主题党日。成立“同心圆”工作室，表彰最美党员。成立“净美家园”行动支部、“乡风文明”行动支部，落实“党群合力，净美家园”书记项目。

【农业经济】 2020 年，东仓村完成“长江口农旅”电商平台交易 62 笔，上架优质农产品 26 种。合作社水稻总产量 9.5 万千克，单产 450 千克 / 亩，村级劳务合作社年收入 100 万元。

【人居环境】 2020 年，东仓村提档升级卫生户厕 46 家、公厕 1 座，规范家禽养殖 50 户，清理卫生死角、废旧宅基地 46 处，清理废旧电杆 150 根，清理农村垃圾 500 吨。改造拓宽石桥路、江沿路。清理河塘淤泥 300 卡车、沟渠 200 余条，治理黑臭河道 4 条，铺设河道生态木桩 2 千米，加固河岸坡 3 千米。翻新农房外墙立面 66 户，墙绘 400 多平方米。新建美丽菜园（试点）8 户。通过苏州市人居环境整治工作示范村验收。全面推进东仓小区 364 户居民垃圾分类，新建垃圾分类收集站 1 个，投入电动三轮垃圾收运车 10 辆。完成改造村级河道 8 条、疏浚河道 7 条的方案。

【精神文明建设】 2020 年，东仓村举办活动 60 余次，开展庆元旦、迎新春、端午、中秋、重阳等志愿服务行动，开展“缤纷冬日”“七彩夏日”等青少年系列活动，开设硬笔书法班、村道德讲堂等。开展第四届农民文化艺术节、“和美东仓”乡风文明家庭积分评比、“最美”系列评比表彰等活动。

【民生事业】 2020 年，东仓村为 60 周岁以上老人发放尊老金。落实 80 周岁以上老人居家养老服务，年内新增 10 人。完成 35—64 周岁妇女两癌筛查登记 70 人、妇女普查登记 20 人。办理新增独生子女一次性奖励 28 人，农村奖励 7 人。办理生育登记 7 人。

（余玲俐）

何桥村

【概况】 何桥村位于浏河镇西部。2007年5月，由原何桥、三星、墙里、石新、新胜村5村合并而成。2020年，全村面积6.8平方千米，辖村民小组43个，有户籍人口865户3197人，耕地面积440公顷。村级总资产5912万元，村级稳定性收入663万元，农村居民人均可支配收入3.7万元。获评“2017—2019年度太仓市文明村”。

【党建工作】 2020年，何桥村党委下设党支部6个，有党员165人。年内开展“5+X”主题党日、红色讲堂、远程教育等活动20余次。组织党员开展实境教学，参观苏中七战七捷纪念馆，开展“齐聚五彩何桥 共践初心使命”开放式主题党日活动。培养入党积极分子2人、预备党员1人，转正党员1人；加强培育后备干部，上报推荐村级后备干部2人，培育市级定制村干1人。成立“银发工作室”，结合党员积分管理，开展党员动力工程，推动村党组织全面进步、全面过硬。

【综合治理】 2020年，何桥村完成“三优三保”拆旧任务1.81万平方米，腾出土地1.87公顷，完成进度53%。开展农房拆违工作，拆除违建面积7000平方米。开展“河长制”工作，全年疏浚河道3200

2020年4月30日，何桥村老房整治拆除（李敏祎摄）

2020年10月30日，何桥村开展“齐聚五彩何桥 共践初心使命”开放式主题党日活动（黄强摄）

2020 年 11 月 7 日，何桥村举办稻香文化艺术节活动（何桥村供稿）

2020 年 10 月 13 日，何桥村稻田蟹（何桥村供稿）

米，清淤杨木河、马家浜、狭流、大悲泾东段等辖区内生产河道 2046 米。铺设生活污水管道 2000 米。

【文体活动】 2020 年，何桥村开展道德讲堂 4 次，开展各类文化活动 36 次，开展志愿活动 177 次，挖掘身边好人 4 人。何桥村新时代文明实践站联合蜂鸟生境举办亲耕与食育、稻香文化艺术节、农产品环保夜市等活动。何桥村篮球队获得体彩杯太仓市第十四届百村篮球赛第八名。何桥村浏新花苑舞蹈队获得“中国银行常青树”杯苏州市第十届广场健身舞大赛二等奖。

【农业特色】 2020 年，何桥村种植稻麦 193.3 公顷，种养稻虾蟹 4 公顷，种植鸡头米 7.1 公顷。何桥村有精品蔬果园 86.7 公顷，其中标准化温室大棚 29 公顷，区域内基础配套设施完善，棚内道路通畅，水管网布设健全，全年供应蔬菜 30 余种、水果 10 余种。哈密瓜、玉菇甜瓜、鸡头米、猕猴桃、赤松茸菇受市场欢迎，其中赤松茸菇以单产 2000 千克 / 亩的优异成绩得到太仓市农委认可。

【实事工程】 2020 年，何桥村平整农田 20 公顷，复垦零星宅基地 3.6 公顷，修筑田间砂石路 800 米、渠道 1800 米。农机化水平持续提高，年内新增拖拉机、秸秆粉碎抛撒机等大型机械 27 台，全村农业机械化率 93%。何桥村烘干中心全年烘干水稻 125 万千克、小麦 70 万千克。

（赵春萍）

新闸村

【概况】 新闸村地处浏河镇中心北侧，东邻长江口岸，西靠新塘管理区，南接新浏河，北至浏家港，346国道、浏浮公路贯穿南北。2007年5月，由原新闸村、苏张村、桃源村合并而成。2020年，全村面积9.8平方千米，辖村民小组67个，户籍人口1371户4468人。村级总资产7994万元，固定资产2394万元，村级稳定性收入980万元，农村居民可支配收入3.5万元。年内，获“江苏省文明村”“苏州市健康村”“2017—2019年度太仓市文明村”“太仓市四星级‘发展型’幸福社区”称号。

【党建工作】 2020年，新闸村党委下设党支部7个，有党员226人（其中预备党员2人）。规范开展“5+X”主题党日、“三会一课”、组织生活会等活动，树牢“四个意识”，营造良好政治生态。开展红色之旅，重走初心之路，增强党员党性意识。完成党群服务中心提档升级，增设党建展厅、多功能活动站室，增强党建阵地建设。在翻身村打造“初心驿站”，增设“红夕阳”工作室，营造“感党恩、听党话、跟党走”氛围。推行“小板凳大智慧”书记项目，开拓村居治理新阵地，引导党员群众发挥自治功能，打造康居美丽的新时代村居样本。

【精神文明建设】 2020年，新闸村依托新时代文明实践站，开展文明城市创建、

2020年8月1日，新闸村党委组织党员参观苏中七战七捷纪念馆（新闸村供稿）

垃圾分类、净美家园系列志愿服务活动。开展道德讲堂4次，弘扬中华民族传统文化。开展“缤纷冬日”“七彩夏日”“我们的节日”系列活动36场次，丰富辖区村民精神文化生活。举办文艺汇演、戏曲展演98场次，开展乡风文明家庭积分评比、最美家庭表彰活动，让村民切实共享发展成果。

【民生工作】 2020年，新闸村开展村内环境卫生整治，配备环境长效保洁人员41人，出动清理人员1100人次，清理生活垃圾及各类堆放物800余吨。年内，整治小洙泾河等黑臭河道3条；改造户厕16个，新建公共厕所1个；整治“小散乱污”企业作坊8个。全年人居环境投入资金约310万元。6月，引入第三方机构（苏州伯德环境发展有限公司）联合专项开展垃圾分类工作，实现集中居住小区覆盖480户，分类准确率52%，投入资金58.38万元。

2020年10月，翻身村邻里生活馆邻里客厅装饰完成并投入使用（新闸村供稿）

【实事工程】 2020年，新闸村扩大农业生产规模，规范农业生产流程，建造140平方米农机库房1座，其中90平方米库房1间、50平方米油库1间，用于停放农业机械及贮存机用油料。建成翻身村邻里生活馆和日间照料中心并正式投入使用，聘用第三方机构做好日常管理工作，打造村民理想幸福家园，不断提升村民幸福感、归属感。

（王静）

闸北村

【概况】 闸北村位于浏河镇东首，东临长江，西至闸北路，南与浏南村为邻，北与浮桥镇茜泾村接壤。闸北路、郑和大街等浏河镇主干道穿村而过，交通便利。2020年，因浏河镇增设海塘社区居民委员会，闸北村调整行政区域，全村面积5.95平方千米，耕地面积515公顷，辖村民小组65个，户籍人口1472户4928人。

【党建工作】 2020年，闸北村党委下设党支部6个，有党员213人。践行长三角一体化发展战略，与上海市嘉定区华亭镇华旺社区联建，以组织为纽带，推动双向互助互动。以党建引领乡村振兴，开展村企共建，与苏州好博医疗器械有限公司党支部结对，组织同建、发展同助、难题同解、人才同育、服务同享。开展“党群连心、

2020 年 10 月，闸北村开展“知史爱党寻初心　学思悟践担使命”的沉浸式教育（黄燕青摄）

共解民忧”服务项目，当好“家门口”代办员，实现群众办事“最多跑一趟”。建立廉情监督工作室，打造廉情文化阵地，完善廉情监督网络，有效落实党务、村务、财务监督。

【村级经济】 2020 年，闸北村与镇属国资公司抱团发展，参股七十二家村田园综合体项目，探索农+旅发展新模式，推进村级经济可持续发展。至年末，村级稳定性收入 922 万元，农民人均可支配收入 3.94 万元。获“全市村庄环境长效管理考核优秀单位”“太仓市创建全国文明城市先进集体”称号。

【实事工程】 2020 年，闸北村建成农资库房 140 平方米，规范农资管理。实施灌溉设施提档改造一期工程，新建沟渠 1600 米，完善农业基础设施。采购插秧机、联合收割机等各类先进农机具，实现粮食生产全程机械化，推进粮食增产增收。

2020 年 11 月，闸北村开展“红色领航　百村振兴”为民服务活动（黄燕青摄）

【精神文明建设】 2020年，闸北村深入推进防疫知识宣传，广泛开展移风易俗，倡导村民丧事简办、婚事新办。充分运用妇女儿童之家、青年之家、道德讲堂等平台，开展文体民俗活动167场。继承发扬优良传统，全面构建文明乡风，组织村民参加市、镇各类比赛，获得浏河镇“郑和杯”乒乓球、篮球比赛团体第一名，太仓市广场舞比赛第二名。

（黄燕青）

万安村

【概况】 万安村位于浏河镇西北侧，东临浮桥镇，西接新塘村，南与闸北村相连，北入苏昆太高速公路出口。339省道与346国道交会于此，交通便利。2020年，全村面积8.2平方千米，耕地面积494公顷，辖村民小组50个，有户籍人口1025户3625人。村级总资产为6489万元，村级稳定性收入为742万元，农民人均可支配收入为3.6万元。

【党建工作】 2020年，万安村党委下设党支部5个，有党员200人。万安村坚持党建引领，发挥“万众恒安”党建品牌凝聚效应，打造“党群聚力·共推环境整治·同建美丽家园”书记项目，成立环境整治党支部、银发党支部、乡风文明党支部行动支部3个，提升村党委组织力。围绕庆祝中国共产党成立99周年，策划“感受时代速度 重温革命历史 弘扬爱国主义精

2020年10月，万安村全体党员赴苏中七战七捷纪念馆开展“感受时代速度 重温革命历史 弘扬爱国主义精神”主题党日活动（万安村供稿）

神”主题党日活动，教育引导党员重温党史，接受思想洗礼。巩固“不忘初心、牢记使命”主题教育学习成果，引导基层党员守初心，担使命，建功新时代。

【产业经济】 2020年，万安村完成土地流转面积5677亩，占土地所有权、土地使用权和他项权利的确认、确定面积的90.1%，年度总产值1170万元。坚持以市场为导向，进行“一粒米”产业建设，探索线上线下销售双渠道，销售大米超20万千克。深化农业服务社会化，新建万安农机现代化服务中心并投入使用。服务中心配备育秧流水线2台(套)、大马力拖拉机6台、大型植保机4台、植保无人机2台、插秧机8台、烘干机12台(套)，拥有一整套从育秧到插秧到施肥再到烘干处理的机械设备，实现农业机械化生产“一条龙服务”。完成粮食烘干作业4600吨，农业服务辐射新塘片区。

【民生实事】 2020年，万安村农房翻建申请审批101户，在建73户，建成并通过验收62户。整村推进垃圾分类工作，向全村农户发放分类垃圾桶850余个。改造农村公共厕所3座。完成河道疏浚1720米，路面硬化1.5千米，新增绿化面积2.8亩。鼓励农民向村集体合作社流转土地，由村集体合作社统一经营，支付土地流转费903万元；按人头分配股权，实现一人一股，以一股发放10千克大米的标准，向农户发放大米4350千克；支持合作社建设，扩大服务规模，提高服务水平，增加农民就业机会，发放劳务报酬410余万元，推动农民收入持续稳定增长。

2020年5月，万安村工作人员在万安农机现代化服务中心检查烘干设备（万安村供稿）

【综合治理】 2020年，万安村开展农村人居环境整治，清理农户宅前屋后环境850余户，完成拆违3368平方米，整治黑小作坊9家，清理露天粪坑15个。坚持做好人居环境整治后半篇文章，从“宣传引导常态化、集中整治常态化、制度保障常态化、责任落实常态化”四个方面多举措推进环境整治长效化管理。

【精神文明建设】 2020年，万安村运用村党群服务中心、新时代文明实践站、日间照料中心、未成年人活动室、农家书屋、道德讲堂等各类教育主阵地，组织开展各类活动30余次。推进乡村移风易俗，依托村规民约褒扬善行义举，评选出文明家庭236户、美丽庭院5户、身边好人3人、绿色环保家庭1户，弘扬中华优秀传统文化和文明风尚，促进农村精神文明建设。

（盛晓霏）

张桥村

【概况】 张桥村位于浏河镇西侧，东与新塘村毗邻，西与陆渡街道红庙村、小桥村接壤，南与陆渡街道珠江社区相接，北与陆渡街道岳南村为邻。沪苏通铁路太仓站位于该村，339省道、陆璜公路贯通全域，石头塘、洙泾河等河流纵横交错。2020年，村域面积8.4平方千米，耕地面积607公顷，有村民小组69个，集中自建小区1个，户籍人口1476户4307人。

【党建工作】 2020年，张桥村党委下设党支部7个，有党员261人（其中预备党员1人），落实“三会一课”制度、“5+X”主题党日活动，开展“追忆峥嵘岁月，传承革命精神”知史爱党实践活动。设立“源动力”空间书记项目，激发党员先锋力，凝聚党群奋斗力，催生发展源动力，聚焦“便民”理念，点亮“基层治理”，将“党建工作”与“便民服务”相融合，增设“便民图书馆”“便民活动室”等栏目，加强线上党建阵地建设与提升，增设“互通互学”等专栏，增强党群互动性，延伸发展触角，助力高质量发展。

【村级经济】 2020年，村级总资产为7539.78万元，村级稳定性收入为979.5万元，农民人均可支配收入为3.9万元。发展高效农业，成立太仓市高桥农场专业

2020年11月5日，张桥村组织党员开展“追忆峥嵘岁月，传承革命精神”知史爱党实践活动（张桥村供稿）

合作社，合作社拥有耕地 330.9 公顷。

【精神文明建设】 2020 年，张桥村依托新时代文明实践站，开展疫情防控宣传、文明城市创建、垃圾分类、净美家园系列活动等志愿服务 50 余次。开设道德讲堂，弘扬社会主义核心价值观和中华民族传统美德。开展"七彩夏日"系列活动，丰富少年儿童暑期生活。

（陆春芳）

新塘村

【概况】 新塘村位于浏河镇新塘管理区中心，东与万安村为邻，西与张桥村相连，南与何桥村接壤，北与浮桥镇丁泾村接界，离太仓火车站直线距离 1.5 千米，339 省道穿境而过。2020 年，全村面积 2.6 平方千米，耕地面积 175.2 公顷。下辖村民小组 24 个，有户籍人口 485 户 1523 人。村级总资产 5418 万元，村级稳定性收入 632 万元，农村居民人均可支配收入 3.25 万元。

【党建工作】 2020 年，新塘村党委下设党支部 3 个，有党员 106 人。新塘村党委以关爱特殊群体为抓手，开展"初心行动——暖心餐"书记项目。12 月，新塘村党委与新塘社区党总支联合举办"新"百家宴活动，参与人数近 150 人。

【精神文明建设】 2020 年，新塘村志愿服务队依托新塘村新时代文明实践站开展道德讲堂、我们的节日、文明城市宣传、疫情防控、净美家园等活动 60 余次。举办暑期"娄城关爱"班，解决部分双职工和外来流动人员家庭未成年子女暑期教育问题。

2020 年 5 月 22 日，新塘村开展首次"初心行动——暖心餐"书记项目（新塘村供稿）

2020 年 8 月 5 日，"娄城关爱"班组织学生学习数独游戏（新塘村供稿）

【综治工作】 2020 年，新塘村重点开展乱堆乱放环境整治和违章搭建整治，整治违法废品回收点 6 处。拆除河南新村、新南村落等片区农房违建，拆除违建农房 70 户，200 余间，9000 平方米。取缔无证无照食品加工小作坊 3 户，取缔不达标户厕 12 座，腾退废品回收点 4 处。

【民生工程】 2020 年，新塘村为所有村民购买重疾险、意外险、公众责任险，共计保费 13.17 万元，理赔成功 37 人。启动特色田园乡村建设。成立股份合作社，村民每人分红 30 元，合计发放 5.45 万元。修筑石墙圩部分道路 500 米。全村增设垃圾分类亭 10 个、小型分类垃圾桶 600 个。

（王晓波）

河北社区

【概况】 河北社区东起迎福北路西侧，西至杨家浜，南起老浏河北岸，北至郑和东路，总面积 1.2 平方千米。辖区内有浏河诚信老街（含邢少兰艺术馆、张晓峰艺术馆、党员志愿服务站、先锋之家等）、工厂 7 家、学校 1 所，以及世界著名的物理学家吴健雄夫妇之墓。2020 年，社区有户籍人口 1320 户 3726 人、流动人口 3580 人。社区工作人员 6 人。

【党建工作】 2020 年，河北社区党委下设党支部 5 个，有党员 157 人（其中预备

2020 年 5 月 20 日，河北社区“江海情心服务”大党委开展“红色行动”引领绿色新时尚垃圾分类入户宣传活动（崔哲摄）

2020 年 11 月 28 日，河北社区开展“环保江海情·携手你和我”绘画活动（陆玲摄）

党员 1 人）。围绕“江海情”党建品牌，探索建立“1+3”模式，依靠“大党委 + 银发工作室 + 行动支部”三级管理体系和服务网络，依托社区服务平台，发挥党员先锋模范作用。居民群众获得感、安全感、幸福感攀升，实现以“红色力量”满足“民之所需”目标。年内获评苏州市先锋社区。

【疫情防控】 2020 年，河北社区深入开展疫情防控工作，在主要道路、小区门口设立排查点 10 个，24 小时上岗值守；成立帮扶小组 1 个，为居家观察人员提供生活服务 500 余次，为群众生命安全筑起铜墙铁壁。

【实事工程】 2020 年，河北社区完成浏西一村老小区改造提档升级工程，新增小区停车位 50 余个，缓解老小区停车难问题。新增小街背巷路灯 7 盏，方便居民出行。整治滨河街 60 号旁环境，完成路面硬化，增设公共晾晒点 1 处，提升附近居民生活水平。

【精神文明建设】 2020 年，河北社区推进精神文明建设，依托新时代文明实践站，开展“我们的节日”、志愿活动、知识讲座等各类活动 80 余场，丰富社区居民业余文化生活，推动社区精神文明建设。定期开展道德讲堂活动，弘扬社会正能量。开展“缤纷冬日”“七彩夏日”系列活动 10 余场，丰富青少年假期生活。至年末，有注册志愿者 1159 人，全年累计服务时长 1.33 万小时，受益人数 1 万人次。

（陆玲）

复兴社区

【概况】 浏河镇复兴社区东起闸北路，西至复兴西街外贸仓库，南至新浏河，北至老浏河，社区面积1.3平方千米。辖区内配套设施及景点有社区党群服务中心、社区老年人日间照料服务中心、浏河医院二门诊、门球场、朱屺瞻纪念馆等。2020年，社区下辖居民小组32个，有户籍人口1695户3615人、流动人口3047人，其中社区工作人员7人。

【党建工作】 2020年，复兴社区有正式党员146人，预备党员1人。开展“楼满复兴”书记项目，通过1名楼道长+1名党员巡查员+多名居民的相互配合，建立1+1+N楼道管理体系，解决开放式无物业小区卫生管理、公共设施维护等问题。成立“常青藤”银发工作室，鼓励老党员在社区积极发挥好余热，传播正能量。规范化完成新一届党委换届工作，选举新一届委员会委员、书记和副书记，建强领导班子。新当选的党委委员共5人，平均年龄为42岁，其中35岁以下2人，大专及以上学历占80%。全年共开展党建活动23场。

【实事工程】 2020年，复兴社区开展天然气安装入户工程，办理复兴东街居民天然气开通264户；推行“三定一督”垃圾分类模式，建立垃圾分类点位6个，招募垃圾分类督导员6人，分类投放正确率90%以上。全年累计疏通下水道144次，更换老旧小区楼道窗户200扇。

【综合治理】 2020年，自新冠肺炎疫情发生以来，复兴社区绘制“疫情防控作战图”，招募疫情防控志愿者150人，坚决打赢疫情防控阻击战，获评浏河镇新冠肺

2020年7月1日，复兴社区大党委开展“探寻红色记忆　青春筑梦复兴”开放式主题党日活动（徐丹摄）

2020 年 12 月 28 日，复兴社区开展“民族团结一家亲·党群凝心聚‘耀华’”送温暖活动
（徐丹摄）

炎疫情防控工作先进基层党组织。发放扫黑除恶宣传资料 2000 份，联合“331”工作专班、综合执法局排查辖区内“九小场所”160 家，提出消防安全隐患整改意见并全部完成整改。排查辖区内车库 80 个，发现出租住人 6 个，全部完成整改。利用 3 个网格终端每天巡查辖区存在问题，全年发现并解决问题 242 个。接待居民来访 480 件，调解各类矛盾纠纷 136 件。

【精神文明建设】 2020 年，复兴社区弘扬“奉献、友爱、互助、进步”志愿服务精神，精心设计志愿服务项目，开展“文明与你同行·创城从我做起”废旧自行车兑换活动、“银发生辉·擦亮城市文明底色”小广告清除活动、“针线飞舞·编织送温暖”活动等志愿服务活动 128 次。至年末，有注册志愿者 1076 人，全年累计服务时长 3.05 万小时，受益人数 5640 人次。

（冯燕萍）

闸北社区

【概况】 闸北社区东起华东水产，西至迎福北路东侧，南起渔港路，北至郑和大街，社区面积 1.6 平方千米。辖区内有太仓市浏河镇幼教中心明德幼儿园、太仓市渔港幼儿园、太仓市明德小学、太仓市浏河镇消防救援站等。2020 年，社区下辖居民小组 30 个，有户籍人口 3928 人，流动人口 5098 人。年内获“2017—2019 年度太仓市文明社区”称号。

【党建工作】 2020 年，闸北社区党委下设党支部 4 个，有党员 186 人，发展预备党员 2 人，转正党员 1 人。严格按照规定组织党员大会、专题党课，开展“5+X”主题党日活动 10 次，因疫情号召党员线上自学 2 次。4 月 22 日，“党建引领微治理，垃圾分类我践行”暨“三定一督”启动仪式在悦公馆小区举行，闸北社区大党委成立“融心悦合”党群志愿服务队，充分利用大党委优势，激发党建引领垃圾分类新动能。

【疫情防控】 2020 年，闸北社区第一时间动员部署社区党员、居民群众加强疫情防控宣传，筑起社区疫情防控坚实防线，发放疫情宣传资料 1000 余份，隔离中高风险地区人员 24 人。

2020 年 2 月 26 日，闸北社区开展疫情防控工作（倪翊摄）

【实事工程】 2020 年，闸北社区通过跑楼宣传、发放资料等推广垃圾分类，辖区全年增设垃圾分类点位 19 个。安装东海二村老小区楼道灯 38 处，解决老小区晚上下楼难问题。

【综合治理】 2020 年，闸北社区协调处

2020 年 11 月，闸北社区举办第二届“金饭勺”社区百家宴邻里节活动（李敏祎摄）

理日常矛盾45起，办理联动案件264起，摸排“331”商铺安全隐患81起，整治车库出租住人6起。联合派出所排查辖区内“三合一”“九小场所”130余家，发放宣传资料200余份。开展小区楼道、小巷环境整治20余次。

【精神文明建设】 2020年，闸北社区开展“我们的节日”、道德讲堂、文明知识宣讲等一系列新时代文明实践活动64场，举办暑期公益班、科学小实验、小小志愿者等暑期活动14场。组织疫情防控、文明创城、垃圾分类、人口普查等志愿服务项目，参与600余人次。至年末，闸北社区新时代文明实践站有志愿服务团队2支，注册志愿者1099人，全年累计服务时长4939小时，受益人数5000人次。

（李敏祎）

渔村社区

【概况】 浏河镇渔村社区东起闸北路，西至迎福南路，南至郑和南路，北至复兴东街，总面积0.025平方千米，辖区内有房屋27幢。2020年，社区下辖居民小组11个，总户数579户，户籍人口1726人（包含渔业公司集体户650人），其中少数民族3人、流动人口581人、社区工作人员6人。

【党建工作】 2020年，渔村社区党委下设3个党支部，有党员101人，转正党员1人。围绕“四季如春·幸福渔村”党建品牌，强化自身组织建设，每月开展“5+X”主题党日活动。成立银发工作室，开展“四季如春渔村里·党旗之下夕阳红”书记项目，参观太仓市城市党建融合服务中心等

2020年8月21日，渔村社区组织党员参观太仓市城市党建融合服务中心（渔村社区供稿）

2020年11月6日，渔村社区举办“便民服务进社区　共创和谐邻里情”便民服务活动（渔村社区供稿）

红色场馆，观看红色电影《我和我的家乡》，与东方社区及苏州铃兰医疗用品有限公司共同开展“知史爱党忆初心，火红年代建功勋”开放式主题党日活动。春节走访慰问老党员、困难党员4人，发放慰问金2500元；“七一”慰问困难党员2人，发放慰问金1000元；发放党员关爱基金8户1.38万元。春节、端午节走访慰问老干部4人，发放慰问品8份。

【民生服务】 2020年，渔村社区对城镇低保7户9人、城镇无固定收入重度残疾人4人，做到主动发现，应保尽保。关注残疾人32人。组织退休人员免费体检487人次。组织两癌筛查36人次。

【综合治理】 2020年，渔村社区结合“331”专项行动，规范楼道内外电动车停放189辆次，走访排摸辖区“九小场所”31家，发放宣传资料100余份。定期检查公共设施设备，开展楼道、消防通道集中整治活动。开展垃圾分类宣传推广工作，组织垃圾分类宣传活动14场次，发放宣传资料985份。为解决小区停车混乱问题，在迎福新村南门安装车辆识别道闸1处。

【精神文明建设】 2020年，渔村社区推进精神文明建设，开展“浓浓腊八粥·温暖邻里情”，未成年人“七彩夏日”“缤纷冬日”等活动，组织“爱在七夕　‘渔’生有你”七夕定向赛，举办消防安全、食品安全讲座，开设道德讲堂。至年末，有注册志愿者386人，服务时长3831.5小时，受益人数1325人次。

（郑宇）

新塘社区

【概况】 新塘社区为原新塘镇区居民住宅老区，位于浏河镇西侧，东起子沟河，西至马路塘，南至陆窑塘，北至牌新长公路，区域面积1平方千米。2020年，社区下辖居民小组12个，住户1008户，户籍人口956人、流动人口1500人。社区工作人员6人。

【党建工作】 2020年，新塘社区党总支下设党支部3个，有党员74人。围绕“爱新闪闪在塘间”党建品牌，强化自身组织建设，定期开展“三会一课”，加强党员联系群众，成立银龄守护先锋工作室。组织开展《习近平谈治国理政》第三卷集中学习，观看电影《建党伟业》，开展“回顾时代变迁、共忆峥嵘岁月”老物件展览，参观苏中七战七捷纪念馆。全年开展主题党日活动31次。

【实事工程】 2020年，新塘社区购买桌椅30套，完善校外教育辅导站配套设施，开设新塘社区“娄城关爱”班，开设美术、手工、书画、趣味数学等课程，丰富社区未成年人暑期生活，为双职工家庭解决暑期无人照顾孩子的问题，两期“娄城关爱”班招收学生70余名。建成垃圾分类亭2个。

【综合治理】 2020年，新塘社区办理联

2020年8月7日，新塘社区“娄城关爱”班结业（新塘社区供稿）

2020 年 12 月 23 日，新塘社区开展“新”百家宴活动（新塘社区供稿）

动中心平台案件 196 起。结合“331”专项行动，排摸出租房 200 余户。走访排摸社区小餐饮场所，整治小餐饮场所 26 家，完成合规化改造。开展有害垃圾和可回收垃圾集中回收活动 8 次。

【精神文明建设】 2020 年，新塘社区推进精神文明建设，开展百家宴、消防知识安全讲座、法律知识讲座、“文化书场”、“经典阅读”、未成年人“七彩夏日”“缤纷冬日”、中医养生等活动 107 次。至年底，有注册志愿者 338 人，全年累计服务时长 2.61 万小时，受益人数 7000 人次。

（郁毓）

紫薇苑社区

【概况】 紫薇苑社区位于浏河镇区北部，东至浏茜路，西至 346 国道，南抵郑和路，北靠南海路，于 2007 年 5 月建成，社区面积 2.5 平方千米，有紫薇幼儿园、中心菜场、3 个农民拆迁安置小区、1 个自建小区、7 个商住小区、3 个商住两用小区。社区总户数 10568 户，常住人口 2.86 万人，其中户籍人口 4890 人。社区工作人员 7 人。

【疫情防控】 2020 年，紫薇苑社区按照上级疫情防控要求，采取相应对策。社区全体工作人员取消假期，全面开展新冠肺炎防疫、宣传、摸排、看管等各项工作，做到防疫防控到位，排摸走访全覆盖、关联人员无遗漏。全体工作人员加班加点宣传疫情防控知识，引导辖区居民科学冷静应对疫情，并在辖区内楼幢发放公告 2.1

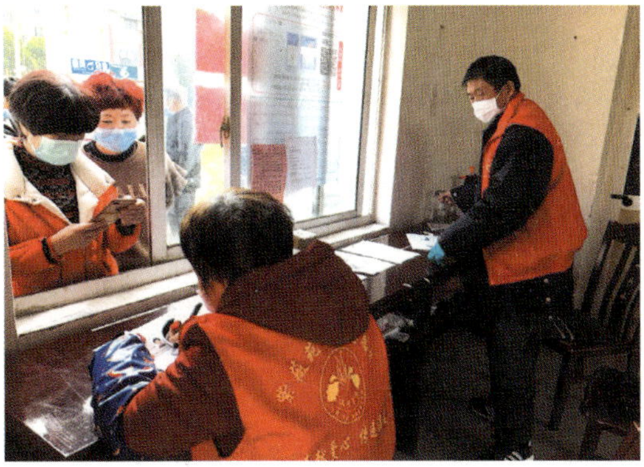

2020 年 3 月 14 日，紫薇苑社区志愿者进行防疫登记（裴学娟摄）

万份，张贴相关通知共计 1680 份，悬挂横幅 20 条。在微信公众号及电子屏滚动播放疫情宣传。疫情期间，社区 24 小时值班电话接到登记和咨询电话 8650 次。春节后，紫薇苑社区在线招募志愿者 105 人，在每个小区内设置卡口，重点监测返回人员，共筛查 2.18 万人次。对上级要求重点返回人员实行居家隔离，每个隔离户实行 24 小时监控，其中居家隔离 113 户 356 人，集中隔离 18 户 59 人。未发生一例疫情。

【党建工作】 2020 年，紫薇苑社区有正式党员 90 人、预备党员 1 人。社区打造“温情紫薇”党建品牌，持续提升服务品质，形成带头效应。提供“红色管家大联盟”服务，以党建为引领，以服务居民为宗旨，创新工作思路，提高社区服务基层、服务居民的能力，做好社区管理、建设、服务工作，共同打造和谐幸福社区。构建多方联动共建共治共享社区治理新格局，集中整治群租房 18 起，拆除违章搭建 136 起，打通消防通道 6 处，处理复杂性矛盾纠纷 30 余起。

【实事工程】 2020 年，紫薇苑社区完成垃圾分类“三定一督”设点 22 个。完成一区污水管网改造。联合镇城投公司对紫薇苑四区 15 幢多层拆迁安置房进行外立面改造。

【综合治理】 2020 年，紫薇苑社区配合镇联动中心，以规范网格化管理工作为主，加强社区管理工作，使网格化管理在社区管理中真正发挥作用。7 个网格员每天巡查辖区，发现问题并上报联动平台。至年末，社区受理联动中心平台案件 658 起，处理 642 起。其中，拆除违章搭建 42 处 880 平方米，处理破墙开门 6 起，打通消防通道 2 处，整治群租房 8 起，整治车库住人 28 起，受理并处理群众信访 42 起，调解复杂性矛盾纠纷 3 起。

2020 年 5 月 21 日，紫薇苑社区拆除听海路的违章搭建（陈海珠摄）

2020 年 5 月 28 日，紫薇苑社区开展“党员先行　垃圾分类”活动（裴学娟摄）

【精神文明建设】 2020 年，紫薇苑社区推行精神文明建设，组织开展理论宣讲、文化服务、教育服务、健身体育、科技与科普等活动 156 次。有注册志愿者 964 人，累计服务时长 15429 小时，受益人数 5600 人次。

（裴学娟）

东方社区

【概况】 东方社区于 2015 年 2 月成立，东至滨江大道，西至闸北路，南至郑和东路，北至南海路。2020 年，社区面积 1.72 平方千米。有居民住宅小区 8 个，户籍人口 3700 人，常住人口 1.2 万人。代管碧桂园、依云四季、恒大童赋苑、童礼苑户籍人口 1300 人。社区工作人员 6 人。年内获得江苏省健康社区，太仓市四星级“发展型”幸福社区。

【党建工作】 2020 年，东方社区有党员 60 人（其中预备党员 1 人），4 月成立东方社区党总支。围绕“情暖东方”党建品牌，开展“党旗下的邻里情”书记项目，开设“睦邻驿站”“巾帼筑梦大讲堂”“网格精治理”“点亮小星星”等党建为民服务专项

2020 年 7 月 22 日，东方社区大党委举办“火红年代　微光聚暖”爱心义卖活动（东方社区供稿）

项目。依托邻里生活馆活动阵地，围绕“德善美筑东方”理念，以“德”化人、以“善”助人、以“美”怡人，打造新时代和谐社区，全年在邻里生活馆举办活动 50 余次，服务妇女、儿童、老年人等各类人群。

【实事工程】 2020 年，东方社区组织退休人员免费体检 1100 余人次。组织两癌筛查 20 人次，妇女病检查 50 人次。配合拆迁办办理东方花园中区房产证 150 本。增设垃圾分类点位 33 个（含碧桂园及依云四季）。

【综合治理】 2020 年，东方社区综治工作处理矛盾纠纷 40 余起，每月入户走访重点人员 20 人、重点青少年 4 人，每月开展平安志愿者活动 4 次。完成“七五普法”宣传工作，完成调解卷宗 32 起。每月监管重点人员，确保知晓行踪和去向。摸排检查辖区内小餐饮店，处理存在安全隐患的单位 2 家。每季度定期开展企业安全检查，把危险系数降到最低。

2020 年 3 月 14 日，东方社区防疫志愿者上门为老人提供安装苏城码服务（东方社区供稿）

【精神文明建设】 2020年，东方社区整合社区有效资源，联合市红十字会、“太仓好人”施仲良等深化新时代文明实践。通过“我们的节日”“道德讲堂”“七彩假日”等系列活动宣传，引导社区群众参与共建。开展理论宣讲、教育服务、文化服务、科技科普服务、健身体育服务活动等69次。持续招募社区志愿者，以年轻人、新太仓人为主，为团队注入活力，增添新太仓人归属感。至年末，有注册志愿者343人，累计服务时长8930.5小时。

（刘佳芝）

荣 誉

先进集体

表 5 全国先进集体

获奖单位	荣誉称号	授予单位
太仓市浏河镇新塘小学	中国最佳楹联教育基地	中国楹联学会

表 6 江苏省先进集体

获奖单位	荣誉称号	授予单位
浏河镇东仓村	江苏省民主法治示范村	中共江苏省委全面依法治省委员会办公室、江苏省司法厅、江苏省民政厅
浏河镇闸北村	2020 年江苏省健康村	江苏省爱国卫生运动委员会
浏河镇复兴社区	2020 年江苏省健康社区	江苏省爱国卫生运动委员会
浏河镇复兴社区校外教育辅导站	2020 年全省校外教育辅导站优秀活动视频评选二等奖	江苏省关心下一代工作委员会
太仓市自然资源和规划局浏河分局党支部	2020 年江苏省不动产登记窗口“党员先锋岗”	中共江苏省自然资源厅党组
太仓市浏河镇新塘小学	2020 年江苏省学生跳绳锦标赛（小学组）一等奖	江苏省教育厅、江苏省体育局
太仓市浏河镇新塘小学	2020 年江苏省学生跳绳锦标赛（小学组）道德风尚奖	江苏省教育厅、江苏省体育局
太仓市浏河镇新塘小学	2020 年江苏省学生踢毽锦标赛（小学组）一等奖	江苏省教育厅、江苏省体育局
太仓市浏河镇新塘小学	2020 年江苏省学生踢毽锦标赛（小学组）道德风尚奖	江苏省教育厅、江苏省体育局

表 7

苏州市先进集体

获奖单位	荣誉称号	授予单位
浏河镇	苏州市先锋镇	中共苏州市委员会
浏河镇社会治理和社会事业局	苏州市抗击新冠肺炎疫情先进集体	中共苏州市委员会、苏州市人民政府
浏河镇司法所	2019 年度苏州市人民调解工作先进集体	苏州市司法局
浏河镇安全生产监督管理办公室	苏州市“激励干事创业、奉献火红年代”先进集体	中共苏州市委员会、苏州市人民政府
浏河镇联动中心	苏州“双网融合”镇级示范点	苏州市委政法委
浏河派出所	苏州市抗击新冠肺炎疫情先进集体	中共苏州市委员会、苏州市人民政府
浏河派出所	2020 年度全市公安机关“三零”勤廉所队	苏州市公安局
浏河税务分局	苏州市工人先锋号	苏州市总工会
浏河镇文联	2019 年度苏州市文联系统优秀基层组织	苏州市文学艺术界联合会
浏河镇东仓村	2020 年苏州市农村人居环境整治工作示范村	中共苏州市委农村工作领导小组、苏州市农村人居环境整治工作联席会议
浏河镇新闸村	苏州市健康村	苏州市爱国卫生运动与健康促进委员会
浏河镇河北社区	苏州市先锋社区	中共苏州市委员会
浏河镇河北社区	苏州市健康社区	苏州市爱国卫生运动与健康促进委员会
浏河镇紫薇苑社区	苏州市健康社区	苏州市爱国卫生运动与健康促进委员会

表 8

太仓市先进集体

获奖单位	荣誉称号	授予单位
浏河镇	2017—2019 年度太仓市文明镇	中共太仓市委员会、太仓市人民政府
浏河镇	2020 年度信访工作先进集体	中共太仓市委员会、太仓市人民政府
浏河镇	2020 年度征兵工作先进单位	太仓市人民政府
浏河镇	太仓市 2020 年度苏州市级媒体新闻宣传工作先进单位	中共太仓市委宣传部
浏河镇	2020 年度太仓市社科系统先进单位	中共太仓市委宣传部、太仓市哲学社会科学界联合会
浏河镇	2020 年度统战系统宣传信息工作先进集体三等奖	中共太仓市委统战部
浏河镇	2020 年太仓市“廉砖·我爱廉”宣传教育系列活动优秀组织奖	中共太仓市纪委办公室、太仓市监委办公室
浏河镇经济发展局	慧创未来孵化器获评太仓市科技企业孵化器	太仓市科技局
浏河镇建设局	太仓市创建全国文明城市先进集体	太仓市人民政府
浏河镇建设局	第七届文化养老艺术节暨第十三届业余文艺团队“百团大展演”活动优秀组织奖	太仓市文体广电和旅游局、太仓市民政局
浏河镇行政审批局	太仓市“工人先锋号”	太仓市总工会
浏河镇行政审批局	青年文明号	太仓市精神文明建设指导委员会办公室、共青团太仓市委员会
浏河镇行政审批局	2018—2019 年度太仓市“巾帼文明岗”	太仓市“巾帼建功”活动领导小组、太仓市妇女联合会

续表

获奖单位	荣誉称号	授予单位
浏河镇总工会	工会安全生产专项行动非常“6+1”竞赛“六项大比拼”优秀组织奖	太仓市总工会
浏河镇总工会	“好书分享·快乐共享”主题阅读活动优秀组织奖	太仓市总工会
浏河镇团委	太仓市“优秀一线抗疫青年突击队”	共青团太仓市委员会
浏河镇关工委	太仓市校外教育辅导站建设先进集体	中共太仓市委组织部、太仓市精神文明建设指导委员会办公室、太仓市关心下一代工作委员会
浏河镇浏南村	2017—2019 年度太仓市文明村	中共太仓市委员会、太仓市人民政府
浏河镇东仓村	2017—2019 年度太仓市文明村	中共太仓市委员会、太仓市人民政府
浏河镇东仓村	2019 年度特色示范村	中共太仓市委员会、太仓市人民政府
浏河镇东仓村	太仓市三八红旗集体	太仓市妇女联合会
浏河镇东仓村	太仓市新时代中小学劳动教育实践基地	太仓市文明办、太仓市教育局
浏河镇东仓村校外教育辅导站	太仓市规范化建设示范校外教育辅导站	中共太仓市委组织部、太仓市精神文明建设指导委员会办公室、太仓市关心下一代工作委员会
浏河镇何桥村	2017—2019 年度太仓市文明村	中共太仓市委员会、太仓市人民政府
浏河镇新闸村	2017—2019 年度太仓市文明村	中共太仓市委员会、太仓市人民政府
浏河镇新闸村	太仓市四星级“发展型”幸福社区	太仓市城乡社区治理现代化工作办公室

续表

获奖单位	荣誉称号	授予单位
浏河镇闸北村	2017—2019 年度太仓市文明村	中共太仓市委员会、太仓市人民政府
浏河镇闸北村	太仓市创建全国文明城市先进集体	中共太仓市委员会、太仓市人民政府
浏河镇闸北村	乡村振兴试点示范村	中共太仓市委员会、太仓市人民政府
浏河镇闸北村	2019 年度特色示范村	中共太仓市委员会、太仓市人民政府
浏河镇闸北村	太仓市基层党建四星级示范点	中共太仓市委组织部
浏河镇闸北村	2019 年度全市村庄环境长效管理考核优秀单位	太仓市城乡环境综合整治工作领导小组办公室
浏河镇万安村	2017—2019 年度太仓市文明村	中共太仓市委员会、太仓市人民政府
浏河镇张桥村	2017—2019 年度太仓市文明村	中共太仓市委员会、太仓市人民政府
浏河镇河北社区	2017—2019 年度太仓市文明社区	中共太仓市委员会、太仓市人民政府
浏河镇复兴社区	2017—2019 年度太仓市文明社区	中共太仓市委员会、太仓市人民政府
浏河镇闸北社区	2017—2019 年度太仓市文明社区	中共太仓市委员会、太仓市人民政府
浏河镇闸北社区	2018—2019 年度太仓市“巾帼文明岗”	太仓市“巾帼建功”活动领导小组、太仓市妇女联合会
浏河镇渔村社区	2017—2019 年度太仓市文明社区	中共太仓市委员会、太仓市人民政府

续表

获奖单位	荣誉称号	授予单位
浏河镇新塘社区	2017—2019年度太仓市文明社区	中共太仓市委员会、太仓市人民政府
浏河镇新塘社区校外教育辅导站	太仓市规范化建设示范校外教育辅导站	中共太仓市委组织部、太仓市精神文明建设指导委员会办公室、太仓市关心下一代工作委员会
浏河镇紫薇苑社区	2017—2019年度太仓市文明社区	中共太仓市委员会、太仓市人民政府
浏河镇东方社区	2017—2019年度太仓市文明社区	中共太仓市委员会、太仓市人民政府
太仓市自然资源和规划局浏河分局党支部	2020年度太仓市自然资源和规划系统“先进基层党组织”	太仓市自然资源和规划局
浏河税务分局	2018—2019年度太仓市“巾帼文明岗”	太仓市“巾帼建功”活动领导小组、太仓市妇女联合会
浏河税务分局	2019年度青年文明号	太仓市双争活动领导小组办公室
浏河税务分局	2017—2019年度太仓市文明单位	太仓市人民政府
太仓市浏河镇新塘小学	太仓市科学教育综合示范学校	太仓市教育局
太仓市浏河镇新塘小学	太仓市中小学教育特色项目建设评比一等奖	太仓市教育局
太仓市浏河镇新塘小学	太仓市十佳“书香班级”	太仓市教育局
太仓市浏河镇新塘小学	“三星级队室”	共青团太仓市委员会、太仓市教育局
太仓市浏河镇新塘小学	太仓市“优秀中队角”	共青团太仓市委员会、太仓市教育局

续表

获奖单位	荣誉称号	授予单位
太仓市浏河镇 新塘小学	太仓市中小学阳光体育联赛小学组 毽球平推赛团体第三名	太仓市教育局、 太仓市文体广电和旅游局
太仓市浏河镇 新塘小学	太仓市中小学阳光体育联赛小学组 绳毽锦标赛团体总分第一名	太仓市教育局
太仓市浏河镇新塘小学一至三年级备课组	“先进备课组”	太仓市教育局
新塘幼儿园	“五常示范”食堂	太仓市市场监管局
太仓市浏河镇 新塘卫生院	“健康太仓杯” 依法执业、诚信服务技能竞赛一等奖	太仓市卫生健康委员会

先进个人

表 9

全国先进个人

获奖个人	所在单位	荣誉称号	授予单位
位洪明	浏河派出所	全国公安系统二级英雄模范	公安部

表 10

江苏省先进个人

获奖个人	所在单位	荣誉称号	授予单位
黄展飞	浏河镇经济发展局	江苏省乡土人才“三带”新秀	中共江苏省委组织部、江苏省人才工作领导小组办公室、江苏省发展和改革委员会、江苏省教育厅、江苏省工业和信息化厅、江苏省人力资源和社会保障厅、江苏省住房和城乡建设厅、江苏省农业农村厅、江苏省文化和旅游厅
张　翠	浏河镇经济发展局	第九届江苏省农业技术推广奖三等奖	江苏省人民政府
张赞忠	浏河镇关工委	江苏省校外教育辅导站工作优秀辅导员	江苏省精神文明建设指导委员会、江苏省关心下一代工作委员会
陈　俊	浏河镇何桥村	江苏省乡土人才“三带”新秀	中共江苏省委组织部、江苏省人才工作领导小组办公室、江苏省发展和改革委员会、江苏省教育厅、江苏省工业和信息化厅、江苏省人力资源和社会保障厅、江苏省住房和城乡建设厅、江苏省农业农村厅、江苏省文化和旅游厅

续表

获奖个人	所在单位	荣誉称号	授予单位
位洪明	浏河派出所	江苏省新冠肺炎疫情防控工作先进个人	中共江苏省委员会、江苏省人民政府
位洪明	浏河派出所	江苏最美抗疫先锋	江苏省委宣传部
刘建兵	浏河税务分局	江苏省五一创新能手	江苏省劳动竞赛委员会
吉田稔	苏州铃兰医疗用品有限公司	江苏省五一劳动荣誉奖章	江苏省总工会
周剑峰	太仓市浏河镇新塘小学	2020 江苏省踢毽锦标赛优秀教练员	江苏省学生体育协会
陈德明	太仓市浏河镇新塘小学	2020 江苏省跳绳锦标赛优秀教练员	江苏省学生体育协会

表 11　　苏州市先进个人

获奖个人	所在单位	荣誉称号	授予单位
范　能	浏河镇总工会	2020 年度苏州万名“最美劳动者”	苏州市“最美劳动者”遴选宣传工作委员会
李　舒	浏河镇总工会	2020 年度苏州万名“最美劳动者”	苏州市“最美劳动者”遴选宣传工作委员会
胡嘉霖	浏河镇东仓村	2020 年度苏州市“三新四创”好青年	共青团苏州市委员会
王　威	浏河镇闸北村	2020 年度苏州住户收支调查“优秀辅助调查员”	苏州市统计局、国家统计局苏州调查队
刘传松	浏河镇万安村	2019 年度苏州市现代农业建设先进个人	中共苏州市委办公室、苏州市人民政府办公室
冯燕萍	浏河镇复兴社区	2020 年度苏州万名“最美劳动者”	苏州市“最美劳动者”遴选宣传工作委员会
徐　丹	浏河镇复兴社区	2020 年度苏州万名“最美劳动者”	苏州市“最美劳动者”遴选宣传工作委员会

续表

获奖个人	所在单位	荣誉称号	授予单位
蒋晓芬	浏河镇闸北社区	第四次全国经济普查工作优秀个人	苏州市第四次全国经济普查领导小组
胡　君	浏河镇闸北社区	2020 年度苏州万名“最美劳动者”	苏州市“最美劳动者”遴选宣传工作委员会
罗　浩	浏河镇闸北社区	2020 年度苏州万名“最美劳动者”	苏州市“最美劳动者”遴选宣传工作委员会
郑　宇	浏河镇渔村社区	2020 年度苏州万名“最美劳动者”	苏州市“最美劳动者”遴选宣传工作委员会
位洪明	浏河派出所	苏州市新冠肺炎疫情防控工作先进个人	中共苏州市委员会、苏州市人民政府
位洪明	浏河派出所	苏州市优秀共产党员	中共苏州市委员会
位洪明	浏河派出所	苏州市杰出政法干警	苏州市委政法委
位洪明	浏河派出所	苏州时代新人	苏州市委宣传部
位洪明	浏河派出所	苏州市十大杰出青年	共青团苏州市委员会、苏州市青年联合会
位洪明	浏河派出所	苏州市五一劳动奖章	苏州市总工会
位洪明	浏河派出所	个人三等功	苏州市公安局
周　燕	市场监督管理局浏河分局	2020 年度苏州万名“最美劳动者”	苏州市“最美劳动者”遴选宣传工作委员会
刘建兵	浏河税务分局	2019 年全省税务系统业务大比武优秀选手，纳入“115” 工程专业骨干	苏州市税务局
刘建兵	浏河税务分局	2020 年度苏州市万名“最美劳动者”	苏州市总工会
倪腊荣	太仓敬富塑胶制品有限公司	2020 年度苏州市优秀工会工作者	苏州市总工会
边小飞	太仓富田瑞兰得电机有限公司	苏州市五一劳动奖章	苏州市总工会

续表

获奖个人	所在单位	荣誉称号	授予单位
陆　丹	太仓市浏河镇新塘小学	苏州市教育学会“十三·五”教育科研先进个人	苏州市教育学会
浦婧茜	太仓市浏河镇新塘小学	书法教育先进工作者	苏州市教育学会书法教育专业委员会
赵海蓉	太仓市浏河镇幼教中心	苏州市教育学会“十三·五”教育科研先进个人	苏州市教育学会
张永强	太仓市浏河镇新塘卫生院	2020 年度苏州万名“最美劳动者”	苏州市“最美劳动者”遴选宣传工作委员会
尹雪芬	太仓市浏河镇新塘卫生院	苏州市卫生系统“职业道德”征文优秀奖	苏州市卫生健康委员会
尹雪芬	太仓市浏河镇新塘卫生院	2020 年度苏州万名“最美劳动者”	苏州市“最美劳动者”遴选宣传工作委员会

表 12　**太仓市先进个人**

获奖个人	所在单位	荣誉称号	授予单位
朱学锋	浏河镇组织人事和社会保障局	太仓市创建全国文明城市工作先进个人	中共太仓市委员会、太仓市人民政府
丁左娇	浏河镇组织人事和社会保障局	2020 年太仓市优秀网评员	中共太仓市委网络安全和信息化委员会办公室
丁左娇	浏河镇组织人事和社会保障局	太仓市 2020 年度苏州市级媒体新闻宣传工作优秀通讯员	中共太仓市委宣传部
丁左娇	浏河镇组织人事和社会保障局	2020 年度太仓市“学习强国”学习平台优秀供稿员	中共太仓市委宣传部
黄展飞	浏河镇经济发展局	2020 年度“为农服务先进个人”	中共太仓市委员会、太仓市人民政府

续表

获奖个人	所在单位	荣誉称号	授予单位
金　鑫	浏河镇经济发展局	2020年度太仓市高新技术企业培育工作先进个人	太仓市科技创新工作领导小组
张　翠	浏河镇经济发展局	太仓市“最美巾帼奋斗者”	太仓市妇女联合会
叶友江	浏河镇综合行政执法局	太仓市创建全国文明城市工作先进个人	中共太仓市委员会、太仓市人民政府
席　林	浏河交管所	2020年度嘉奖	中共太仓市委组织部、太仓市人力资源和社会保障局
万学鸿	浏河交管所	2020年度嘉奖	中共太仓市委组织部、太仓市人力资源和社会保障局
胡嘉霖	浏河镇东仓村	2019年度太仓市“十五佳”新型职业农民	中共太仓市委员会、太仓市人民政府
胡嘉霖	浏河镇东仓村	2020年太仓市“三新四创”好青年	共青团太仓市委员会
王秀玲	浏河镇何桥村	2019—2020年度“最美平安志愿者”	中共太仓市委政法委员会
陈　俊	浏河镇何桥村	2019年度太仓市“十五佳”新型职业农民	中共太仓市委员会、太仓市人民政府
陈　俊	浏河镇何桥村	2020年太仓市“听党话、感党恩、跟党走”演讲比赛优秀奖	中共太仓市委农村工作领导小组
徐　阳	浏河镇闸北村	2020年度征兵工作先进个人	太仓市人民政府
顾学兵	浏河镇闸北村	2020年度太仓市“优秀人民调解员”	太仓市司法局
崔　哲	浏河镇河北社区	2020年度征兵工作先进个人	太仓市人民政府

续表

获奖个人	所在单位	荣誉称号	授予单位
蒋晓芬	浏河镇闸北社区	2018—2019年度太仓市“五一巾帼标兵”	太仓市总工会
郑　宇	浏河镇渔村社区	2020年度太仓市新时代文明实践“最美志愿者”	太仓市精神文明建设指导委员会
殷雪磊	浏河交警中队	入选“太仓好人榜”	太仓市精神文明建设指导委员会
周　燕	市场监督管理局浏河分局	2020年度太仓市市场监督管理系统先进个人	太仓市市场监督管理局
匡晓宏	市场监督管理局浏河分局	2020年度太仓市市场监督管理系统先进个人	太仓市市场监督管理局
谢　辉	市场监督管理局浏河分局	2020年度太仓市市场监督管理系统先进个人	太仓市市场监督管理局
张　灵	市场监督管理局浏河分局	2020年度嘉奖	中共太仓市委组织部、太仓市公务员局
徐陆依	市场监督管理局浏河分局	2020年度嘉奖	中共太仓市委组织部、太仓市公务员局
瞿晓丰	市场监督管理局浏河分局	2020年度嘉奖	中共太仓市委组织部、太仓市人力资源和社会保障局
瞿晓丰	市场监督管理局浏河分局	2020年度太仓市“三新四创”好青年	共青团太仓市委员会
刘建兵	浏河税务分局	2019年度太仓市市级机关作风效能建设“十佳先进个人”	太仓市机关作风效能建设办公室
沈中杨	沪太时装	工会安全生产专项行动非常“6+1”竞赛“我的安全意识”抖音视频大奖赛三等奖	太仓市总工会
徐林等	太仓超亿紧固件有限公司	2020年度太仓市职工十佳技术创新成果	太仓市总工会

续表

获奖个人	所在单位	荣誉称号	授予单位
刘飞河等	优尼泰克精密机械有限公司	2020 年度太仓市职工十佳优秀合理化建议“金点子”	太仓市总工会
周剑峰	太仓市浏河镇新塘小学	太仓市语言文字工作先进个人	太仓市教育局
浦婧茜	太仓市浏河镇新塘小学	爱岗奉献青年教师	中共太仓市教育工作委员会
顾雨君	太仓市浏河镇新塘小学	太仓市学科新秀	太仓市教育局
顾妍怡	太仓市浏河镇新塘小学	太仓市学科能手	太仓市教育局
王　洁	太仓市浏河镇新塘小学	太仓市优秀教育工作者	太仓市教育局
顾思哲	太仓市浏河镇新塘小学	太仓市十佳少先队辅导员	太仓市教育局
汤艳梅	太仓市浏河镇新塘小学	太仓市优秀少先队工作贡献奖	太仓市教育局
严红芬	太仓市浏河镇新塘小学	三星级教师	太仓市教育局
顾思哲	太仓市浏河镇新塘小学	2018—2020 年度太仓市优秀班主任	太仓市教育局
梁默然	太仓市浏河镇幼教中心	太仓市优秀教育工作者	太仓市教育局
杨　帆	太仓市浏河镇幼教中心	太仓市优秀共青团干部	中共太仓市委教育工作委员会、共青团太仓市教育工作委员会
周　琴	太仓市浏河镇幼教中心	太仓市学校安全管理干部安全素养培训“优秀学员”	泰州市学校安全教育实训基地
郑　群	太仓市浏河镇幼教中心	太仓市中小学（幼）教师信息技术能力提升远程培训辅导培训“优秀学员”	太仓市教师发展中心
蒋　婷	太仓市浏河镇幼教中心	太仓市中小学（幼）教师信息技术能力提升远程培训辅导培训“优秀学员”	太仓市教师发展中心

续表

获奖个人	所在单位	荣誉称号	授予单位
倪晓丰	太仓市浏河镇新塘卫生院	太仓市“依法执业诚信服务”竞赛二等奖	太仓市卫生健康委员会
倪晓丰	太仓市浏河镇新塘卫生院	2020年度嘉奖	中共太仓市委组织部、太仓市人力资源和社会保障局
浦添英	太仓市浏河镇新塘卫生院	太仓市“依法执业诚信服务”竞赛优秀奖	太仓市卫生健康委员会
张永强	太仓市浏河镇新塘卫生院	太仓市卫健系统医师节先进典型——抗疫先锋奖	太仓市卫生健康委员会
尹雪芬	太仓市浏河镇新塘卫生院	2020年度嘉奖	中共太仓市委组织部、太仓市人力资源和社会保障局
尹薏菱	太仓市浏河镇新塘卫生院	太仓市卫健委“我的入党申请书”演讲二等奖	太仓市卫生健康委员会
尹薏菱	太仓市浏河镇新塘卫生院	2020年度嘉奖	中共太仓市委组织部、太仓市人力资源和社会保障局
熊　珍	太仓市浏河镇新塘卫生院	2020年度嘉奖	中共太仓市委组织部、太仓市人力资源和社会保障局
吉春花	太仓市浏河镇新塘卫生院	太仓市优质服务基层行“家庭医生团队感控技能”竞赛二等奖	太仓市卫生健康委员会
陈佳丽	太仓市浏河镇新塘卫生院	太仓市急危重症护理技能竞赛二等奖	太仓市卫生健康委员会
陈　平	太仓市浏河镇新塘卫生院	2020年度嘉奖	中共太仓市委组织部、太仓市人力资源和社会保障局

续表

获奖个人	所在单位	荣誉称号	授予单位
李营兵	太仓市浏河镇新塘卫生院	2020 年度嘉奖	中共太仓市委组织部、太仓市人力资源和社会保障局
杨诗友	太仓市浏河镇新塘卫生院	2020 年度嘉奖	中共太仓市委组织部、太仓市人力资源和社会保障局

附录

组织机构及负责人名单

太仓长江口旅游度假区

党工委

书　记：徐洪明

副书记：张　义　顾晓峰　郭亚萍　邵立新

委　员：张俊国　朱学锋　杨志刚　黄　莉　王　莉

纪工委

书　记：王　莉

管委会

主　任：张　义

副主任：王　东　周　静　钱　宇　李　伟　钱敏芳　陈　颖（5月免）

浏河镇

党委

书　记：徐洪明

副书记：张　义　郭亚萍　邵立新

委　员：王　东　张俊国　朱学锋　杨志刚　黄　莉　王　莉　马　震（11月任）

纪委

书　记：王　莉

副书记：陆建文

人大

主　席：楼浩平（7月任）

副主席：陈文贤

政府

镇　长：张　义

副镇长：王　东　周　静　钱　宇　李　伟　钱敏芳

浏河镇下属机关部门

根据《关于同意调整太仓市浏河镇有关机构编制事项的批复》(太编发〔2020〕20号)文件要求:1. 增设集成指挥中心。2. 农村工作局由挂牌设置调整为单独设置，经济发展局不再挂“农村工作局”牌子。3. 组织人事和社会保障局增挂“党建工作办公室”牌子。4. 政法和社会事业局更名为社会治理和社会事业局,挂“退役军人服务站”牌子。司法所体制按照《关于做好司法所管理体制改革工作的通知》(苏司〔2015〕53号)执行。5. 将在建设局挂牌的“生态旅游局”改为在社会治理和社会事业局挂牌。6. 行政审批局挂牌的“便民服务中心”更名为“为民服务中心”。

党政办公室

主　任：郭亚萍（12月免）

副主任：金　磊

组织人事和社会保障局

（6月，增挂“党建工作办公室”）

局　长：钱敏芳（12月免）　朱学锋（11月任）

副局长：朱雪红（12月免）　徐默涵（12月免）

经济发展局（挂“农村工作局”）

（6月，不再挂“农村工作局”）

局　长：周　静（12月免）　徐默涵（11月任）

副局长：程德明（3月免）　张卫东　刘传松（11月免）　陆晓燕（3月任）

财政和资产管理局

局　长：吴卫国

建设局（挂“生态旅游局”）

（6月，不再挂“生态旅游局”）

局　长：王　东（12月免）　陆　莺（11月任）

副局长：沈雁斌　陆　莺（11月免）

政法和社会事业局（挂“司法所”）

（6月，更名为社会治理和社会事业局，增挂“生态旅游局”“退役军人服务站”）

局　长：杨志刚（12月免）　陈宝国（11月任）

副局长：周　健（3月免）　顾建忠（3月免）　邢向兰（3月免）　陈文蓉

陈宝国（12月免）

综合行政执法局（挂“安全生产监督管理办公室”）

局　长：邵立新（12月免）

副局长：顾红彬　杨跃峰（3月免）　陈　舒（12月免）　叶友江　王祎能

行政审批局（挂“便民服务中心”）
（6 月，改挂“为民服务中心”）

局　长：顾晓峰（12 月免）

副局长：周　晔　陆健宏

农村工作局
（6 月，机构设立）

局　长：朱雪红（11 月任）

集成指挥中心
（6 月，机构设立）

副主任：陈　舒（12 月任）

2020 年浏河镇村（社区）党组织书记、村委会（居委会）主任

浏南村

书记、主任：胡静艺

东仓村

书　记：徐默涵

主　任：仇　刚

何桥村

书　记：徐栋梁（11 月免）　王叶青（11 月任）

主　任：陆　健

新闸村

书记、主任：顾解龙

闸北村

书　记：陈　怡

主　任：马建友

万安村

书　记：唐维青（11 月免）　刘传松（11 月任）

主　任：唐维青

张桥村

书　记：朱春智

主　任：马宏飞

新塘村

书记、主任：朱　鹰

河北社区

书　记：杨杰峰（11月免）　张　健（11月任）

主　任：杨杰峰

复兴社区

书记、主任：孙丽萍

闸北社区

书　记：蒋晓芬（11月任）

渔村社区

书　记：陈丽英（11月免）　吴陆晓东（11月任）

主　任：陈丽英

新塘社区

书　记：吴建蓉（11月免）　杨佳琪（11月任）

主　任：吴建蓉

紫薇苑社区

书记、主任：陈海珠

东方社区

书　记：陈　亮（11月免）　沈祖宏（11月任）

主　任：陈　亮

条线部门

太仓市公安局浏河派出所

所　长：沈　冰

教导员：韩　强

太仓市公安局交通警察大队浏河中队

中队长：韩刚强

指导员：曹清清

副中队长：马　骁

太仓市交通运输局浏河中心交通管理所

（9月，更名为太仓市浏河镇交通管理所）

所　长：席　林

副所长：陈君超　万学鸿

太仓市国土资源局浏河国土资源分局

（11月，更名为太仓市自然资源和规划局浏河分局）

局　长：王春花（7月任）

副局长：王春花（主持工作，7月免）

太仓市市场监督管理局浏河分局

分局长：张水兵

副分局长：顾　强　余家文

太仓市税务局浏河税务分局

分局长：严　挺

太仓市广电网络有限公司浏河广电站

站　长：沈　琪

太仓市浏河人民医院

院　长：王耀洪

副院长：朱庆丰　顾建芬　缪发彬

太仓市浏河镇新塘卫生院

院　长：丁文彪

副书记：尹雪芬

副院长：张永强　凌　峰

太仓市明德初级中学

校　长：张元媛

副校长：茆晓明　田中平　沈　兵　杨利青

太仓市明德小学

校　长：闻中秋

副校长：张　静　滕凌燕　陈　武

太仓市浏河镇新塘小学

校　长：汤艳梅

副校长：周剑峰　纪　敏

太仓市浏河镇幼教中心

主　任：王　芳

副主任：梅燕芳　范建英

太仓市浏河专职消防中队

中队长：宁中华

副中队长：徐雪松

（7月，更名为太仓市浏河专职消防救援站）

站　长：宁中华

副站长：徐雪松（7月免） 徐　强（7月任）

太仓市浏河镇环境卫生管理所

所　长：沈　良

太仓市地方海事处浏家港海事所

所　长：王受伟

主持工作：王林豪

长江引航中心太仓引航基地

主　任：邵雪元（11月任）

书　记：邵雪元（11月免） 卢　萍（11月任）

副主任：方剑波（11月免） 陈　洵（11月任）

太仓市浏河供销合作社

主　任：毛定忠

副主任：范小平

太仓市堤闸管理处

主　任：王文斌

副主任：徐丽红　缪海洋

太仓市水利局浏河水利站
（9月，更名为太仓市浏河镇水利站）

站　长：龚建强

副站长：吴瑞林　陆明宜

太仓市浏河动物防疫站
（9月，更名为太仓市浏河镇动物防疫站）

站　长：陈福生

副站长：高清清

太仓市供电公司浏河供电所

所　长：梁宇达（4月免） 薛春明（4月任）

副所长：罗永清

太仓市自来水有限公司客户服务部浏河供水管理站

站　长：王开封

副站长：唐　诚　陈　强

太仓市浏河邮政支局

支局长：王　华（11月免） 何伟良（11月任）

太仓市新塘邮政支局

支局长：杨秋琴（7月免） 滕　飞（7月任）

中国电信股份有限公司太仓分公司浏河分局

分局长：戴萍萍（1月免） 汤 健（2月任）

中国移动通信集团江苏有限公司太仓分公司浏河分局
（5月，机构设立）

分局长：陈 刚（5月任）

中国联合网络通信有限公司太仓市分公司

总经理：赵剑毅

副总经理：张 阳 李志刚

中国银行太仓浏河支行

行 长：丁 乙（8月免） 钱彩琴（8月任）

中国建设银行太仓浏河支行

行 长：倪伟平（7月免） 顾 强（7月任）

中国农业银行太仓浏河支行

行 长：王维杰（4月免） 颜笑峰（4月任）

中国工商银行太仓浏河支行

行 长：庄利民

太仓农村商业银行浏河支行

行 长：俞利平

苏州银行浏河支行

行 长：闻红强

中国邮政储蓄银行浏河支行

行 长：蒋永丰（11月免） 孙润洁（11月任）

重要文献

汇聚发展新优势 抢抓开局主动权
奋力开启全面建设社会主义现代化新征程
——在中国共产党浏河镇第十四届党员代表大会第六次会议上的讲话

徐洪明

2021年1月20日

同志们：

这次大会的主要任务是：以习近平新时代中国特色社会主义思想为指导，深入学习贯彻习近平总书记视察江苏重要讲话指示精神，全面贯彻落实党的十九届五中全会和中央经济工作会议精神，按照省委十三届九次全会和苏州市委十二届十一次全会、太仓市委十三届十一次全会部署要求，回顾总结2020年工作，研究部署2021年任务，动员全镇各党组织、广大党员和干部群众，汇聚发展新优势，抢抓开局主动权，奋力开启全面建设社会主义现代化新征程。

下面，我代表镇党委，讲四个方面意见：

一、回顾过去一年，我们统筹谋划，攻坚克难，奋力夺取疫情防控和经济社会发展“双胜利”丰硕果实

2020年是极不平凡的一年，面对突如其来的新冠肺炎疫情和复杂严峻形势，镇党委坚持两手抓、两手硬。一方面，我们按照上级部署，以战时状态投入疫情防控，团结带领全镇上下牢牢守住“外防输入、内防反弹”防线。另一方面，我们围绕市委、市政府“四大两提一进”发展目标，以“作风效能提升年”和“项目建设攻坚年”活动为抓手，全力以赴拼项目、夺名次、争贡献，推动综合承载力和整体竞争力再上新台阶。全年实现地区生产总值95亿元；完成一般公共预算税收收入8.14亿元；规模以上工业产值96.25亿元，增长5.20%；注册外资9535万美元，增长71.21%；实际利用外资3627万美元，增长64.67%。

（一）疫情防线在全员参与中扎紧筑牢。全镇干部群众坚定信心、同舟共济，机关、村（社区）全员防疫，社会志愿者广泛发动，宣传引导全面覆盖，全社会防疫步调空前统一。开发“智慧浏河”集成指挥平台疫情防控模块，充分运用“大数据+

网格化＋铁脚板”等做法，全面构筑疫情防控“铁壁铜墙”，有力保障人民安全和社会安定。制定落实房租减免、产能奖励等一揽子稳企促产政策，发放各类扶持奖励超2000万元，企业全部按期复工复产，过半数规上企业产能实现正增长。苏康码积极推广，重点地区人员管控实施闭环管理。浏河人民医院核酸检测实验室建成投用。冷链食品监管不断加强，学校、养老院等机构防控安全网不断织密，农贸市场、餐饮服务等重点场所防疫常抓不懈，常态防控落实有力。

（二）产业经济在奋力攻坚中稳步提升。“项目建设攻坚年”活动成果显著。意欣智能科技等10个市级以上重点项目加快建设，东研自动化等14个超亿元项目竣工投产。完成全社会固定资产投资46.04亿元，增长15.38%，其中工业投资18.01亿元，增长150.16%。临江科创载体项目建设稳步推进，“慧创未来”科技孵化器建成投用。研究出台《鼓励引进高新技术企业政策意见》。净增国家高新技术企业16家、省民营科技企业23家。贯龙电磁线获评全市首家国家级专精特新“小巨人”企业。旅游服务业稳步发展，智慧旅游系统完成开发，恒大文旅城项目有序推进，七十二家村田园综合体加快建设，古镇业态不断丰富，“夜太美·为‘浏’而来”等品牌活动精彩纷呈，省级旅游度假区年度考核排名实现进位。农业农村发展活力持续激发，国家级秸秆综合利用项目、省级优质农产品基地建设扎实推进，“稻虾蟹共生”标准化生产技术在全市推广应用，村均稳定性收入达1171万元。

（三）营商环境在深化改革中提效增能。“放管服”改革推进有力，“双信三即”土地出让模式全面实施，项目建设实现“交地即开工”。“1120”改革取得实效，企业开办实现0.5天常态化，全年新增企业法人465家、市场主体2392户。镇级公共资源交易中心建成投用。首届招商推介会成功举办，招商推广渠道进一步拓展。建强培育专业化招商引资团队，提升项目招引时效性、精准度，海泰汽车科技等9个超亿元项目签约落户，德资企业引进取得零的突破。产业项目与人才项目同步招引紧抓不懈，《鼓励“双招双引”若干政策意见》制定实施，获评姑苏领军人才2人、太仓领军人才5人，新增创新人才1805人，人才工作实现突破跨越。

（四）城乡建设在加速推进中呈现新颜。完成浏河镇核心片区规划、全域旅游专项规划修编。恒大文旅城、高铁商务区等重点项目地块动迁安置稳步实施，完成“清零”地块15个。新闸小区、闸北二区三期等18万平方米安置房建设进度不断加快。启动村庄规划编制，完成新塘村特色田园乡村建设规划，新增三星级康居乡村2个。东仓村获评苏州市人居环境示范村。浏西一村等老小区改造全面完工。新塘农贸市场、常青集贸市场加快提档。中心南街等3条道路改造全面竣工。江沿路等3条农村公路提档工程基本完工。47个居民小区实现生活垃圾分类“三定一督”。人居环境整治扎实推进，拆除各类违章建筑26万平方米。“三优三保”行动和“增减挂”项目深入开展，盘活存量建设用地1188亩。长江经济带审计及省级曝光环境问题完成销号。入选苏州市率先基本实现农业农村现代化示范镇。

（五）民生福祉在精准施策中持续增进。社保覆盖面持续扩大，养老保险省级统筹工作顺利推进，落实一次性吸纳就业、失业保险返还等各类稳岗补贴784万元。“阳光扶贫”等帮困工作稳步推进，发放慰问救助金、党员关爱资金550万元。民生实事项目加快建设，东方幼儿园主体竣工，明德二中、明德二小开工建设，新塘卫生院迁建项目顺利实施。新改扩建老年人日间照料服务中心6个，实现村居全覆盖。应急广播体系建立健全。“发展型”幸福社区加快建设，“邻里家园”项目深入实施。闸北村、复兴社区创成省健康村（社区）。全市首家镇级慈善会成立运行。“智慧浏河”集成指挥平台功能逐步完善，“多网融合”格局加快构建。全国文明城市创建取得良好成效，新时代文明实践工作扎实推进。扫黑除恶专项斗争、“331”专项行动、“1+26+1”安全生产专项整治深入开展，各类社会矛盾有效化解。

（六）党的建设在从严从实中得到强化。认真组织学习贯彻党的十九届四中、五中全会精神，持续推进“不忘初心、牢记使命”主题教育制度化、常态化。意识形态工作责任制压紧压实，承办“学习强国”苏州学习平台首场线下专题活动。村（社区）“两委”换届工作扎实开展，党组织换届顺利完成。村干部职业化体系加快建设，干部队伍管理得到加强。获评苏州市先锋镇，河北社区获评苏州市先锋社区。“作风效能提升年”活动深入开展，村（社区）党组织、长江大保护、农村集体资产清产核资等专项巡察整改任务全面完成。违纪案件查办力度持续加大，监督执纪问责水平进一步提升。坚持和加强党的全面领导，支持人大履职尽责，扎实推进统战、人武、双拥、群团等工作，团结奋进的良好局面进一步巩固。

在肯定成绩的同时，必须清醒地认识到，我镇推进高质量发展，还存在着一些问题和不足，主要是：产业能级不强，缺乏龙头企业，研发能力、数字化和智能化水平还不高；全域旅游亮点不够凸显，文旅产品供给还不丰富，配套服务功能还需完善；城乡拆违整治、生态环境保护还不到位，社会治理需下更大力气；党的建设工作亮点培育不足，基层基础需进一步夯实。我们必须高度重视这些问题和不足，采取有力措施加以解决。

二、深入学习贯彻党的十九届五中全会精神，以习近平总书记视察江苏重要讲话指示精神为根本遵循，奋力开启现代化建设新征程

站在“两个一百年”奋斗目标的历史交汇点上，朝着新的更高目标迈进，我们必须准确把握习近平总书记视察江苏重要讲话指示精神的核心要义与实践要求，与时俱进谋划目标、思路和举措，继续集中精力把自己的事情办好，用实干、实效、实绩，做出现代化建设的浏河贡献。

（一）开启新征程，必须把握形势要求。谋划“十四五”发展，必须把准局势变化。当今世界，百年未有之大变局加速演变，不稳定性不确定性明显增多；我国发展仍然处于重要战略机遇期，继续发展具有多方面优势和条件；从太仓来看，战略机遇交会叠加、基础优势累积释放，正处在一个势能转动能、优势变胜势的黄金发展期。今天的浏河，既有沿江临沪的固有区位优势，又有高铁、重大项目和体制改革交会

叠加带来的新增优势，发展前景十分广阔，我们迎来了乘势而上的关键时期。习近平总书记视察江苏，提出了“在改革创新、推动高质量发展上争当表率，在服务全国构建新发展格局上争做示范，在率先实现社会主义现代化上走在前列”的新要求。这是我们现代化建设的总纲领、总命题、总要求，也是谋划未来发展的重大战略指引和根本行动遵循。在市委十三届十一次全会上，太仓市委明确提出，紧扣“现代田园城、幸福金太仓”和高质量建设“两地两城”目标定位不动摇，加快推动高质量发展、创造高品质生活、实现高效能治理，在现代化建设进程中走在前列，加快打造苏州对接上海重要枢纽门户城市。我们要以高度的政治自觉，坚决扛起新的重大使命，牢牢把握战略机遇，充分发挥全市先导区、先遣队和先行军的作用，当好枢纽门户城市的“桥头堡”。

（二）开启新征程，必须做好科学谋划。谱写“十四五”高质量发展新篇章，我们要广聚发展优势，主动融入长三角一体化发展，建成全域旅游目的地、沿江临沪“桥头堡”，争当融入上海“主阵地”。要高质量建成融入上海先导区。积极推进重大基础设施互联互通，全面加强产业合作，承接沪上优质资源溢出效应，强化与上海高端装备、先进材料等优势产业配套协作，推动主导产业做大做强、优化升级，在融入一体化发展新格局中实现更大作为。要高质量建成全域旅游示范区。全力服务好恒大文旅城重大项目，推进“农旅”“文旅”融合发展，打造集大型现代乐园、本土古镇文化、特色海鲜美食、乡村休闲度假等为一体的全域旅游目的地。要高质量建成城乡融合样板区。深入实施乡村振兴战略，充分利用高铁商务区优势，更高水平统筹城乡发展，促进区域协同，完善基础设施，优化城镇功能，推进基本公共服务均等化、基层治理体系和治理能力现代化。

（三）开启新征程，必须弘扬担当精神。更加彻底地用新思想解放思想、统一思想，推动我们的视野格局、思维理念、工作方法全面适应新时代、引领新征程。要保持发展定力。认真学习贯彻习近平新时代中国特色社会主义思想，不断增强贯彻新发展理念的自觉和定力，专心致志做好自己的事，以自身发展的确定性有效对冲外部环境的不确定性。要掌握科学方法。坚持把马克思主义哲学作为自己的看家本领，善于运用系统思维、辩证思维、底线思维等科学思维方法，审视把握浏河在全市、在长三角一体化中的方位方向，不断增强工作的前瞻性、系统性、科学性。要强化担当实干。始终保持使命在肩、奋斗有我的精神状态，切实增强“谋定后动”的思考力和“谋定快动”的执行力，进一步提升工作主动性和落实穿透性，拿出更多真招实招硬招，各环节发力、全周期提速，努力开创各项工作新局面。

三、坚持以推动高质量发展为主题，用只争朝夕、真抓实干的劲头抓好各项工作，努力实现“十四五”发展良好开局

今年是建党100周年，也是“十四五”发展和现代化建设的开局之年，做好今年工作意义重大。全镇上下要以习近平新时代中国特色社会主义思想为指导，全面贯彻党的十九大和十九届二中、三中、四中、五中全会以及中央经济工作会议精神，深入贯彻省委十三届九次全会、苏州市委

十二届十一次全会、太仓市委十三届十一次全会精神，坚持稳中求进工作总基调，立足新发展阶段，贯彻新发展理念，构建新发展格局，以推动高质量发展为主题，以深化供给侧结构性改革为主线，以改革创新为根本动力，以满足人民日益增长的美好生活需要为根本目的，坚持系统观念，巩固拓展疫情防控和经济社会发展成果，围绕建设“全域旅游的滨江田园城镇”，统筹推进改革发展稳定各项工作，不断提升党的建设质量和水平，奋力推动现代化建设开好局、起好步。

今年发展主要预期目标是：地区生产总值增长6.5%，一般公共预算收入增长10%，全社会固定资产投资增长15%，规模以上工业产值增长10%，城乡居民收入增速高于地区生产总值增速。

（一）发挥近水楼台优势，提升产业竞争实力

瞄准打造“融入上海先导区”目标，在产业能级提升上对标找差，勇争前列，打好经济发展主动仗。

一是突出招强引优。积极融入上海及周边区域产业链，围绕市“11155”产业发展目标，紧盯高端装备制造、智能制造、汽车零部件、医疗器械等发展方向，引进和推进一批科技含量高、推动能力强的优质项目。建强招商引资载体，实施智能制造产业园规划调整，优化盘活存量资源，为项目落户提供承载空间。用足用好支持政策，深化优化营商环境，重点跟踪对接上海轴承科技等总投资达144.5亿元的27个项目，推动在谈项目签约落地。

二是突出项目建设。深化推动各类审批事项“不见面”办理，常态化应用“双信三即”服务模式，加强项目全生命周期管理，做好土地、资金等要素保障，确保项目建设有力有序推进。抓紧抓牢恒大文旅城、贝茵佳智能科技等17个市级以上重点项目建设进度，全力保障浩达华东电商中心、意欣智能科技等5个重点项目年内竣工投产，形成新的经济增长点。

三是突出创新转型。加快传统产业智能化改造和数字化转型，培育智能化改造标杆企业，创建苏州市级以上示范智能车间，积极推动好博医疗上市工作，力争年内完成股改。持续优化创新环境，推动2万平方米科创产业园（一期）建成运营，强化政策引导激励，加强与“大院大所”合作，打造特色鲜明、导向明确、服务完善的创新园区，新增市级以上领军人才6人以上，净增国家高新技术企业12家以上，新增省、苏州市级企业研发机构9家。

（二）立足全域旅游定位，构筑特色发展优势

瞄准打造“全域旅游示范区”目标，在文旅融合发展上对标找差，勇争前列，打好特色发展主动仗。

一是丰富产品体系。深入挖掘资源优势，突出“江海河”交会主题，打造具有特色的文旅产品，增加游客吸引力。围绕古镇老街、历史文化，谋划和培育一批具有浏河独特韵味的文化项目。发展乡村休闲游，加快七十二家村田园综合体建设，开业一批精品民宿项目。做优特色美食，扶持做强一批本土餐饮品牌，打造沿沪地区美食文化首选地。

二是完善服务配套。综合考虑沪苏通铁路开通、重大文旅项目建成后带来的集聚效应，前瞻性布局好商贸酒店、住宿餐饮、

休闲娱乐等功能性项目，完善旅游公共服务基础设施。推动五星级酒店年内开工建设，增加亲子类住宿产品，满足多样化市场需求。拓展游客中心服务功能，规范标识、导览系统种类，深化智慧旅游应用，提升游客游览体验。

三是加强营销策划。积极打造高铁太仓站宣传窗口，做好对外宣传推介，加强与长三角、高铁沿线城市旅游合作联动，推进与大都市之间功能互补、资源共享、市场共建。挖掘“郑和文化”“航海文化”“妈祖文化”形象内涵，形成统一旅游宣传、形象标识。举办首届“江海之韵”文化旅游艺术节等精品活动，打造一批“打卡”地标，提升度假区人气和影响力。

（三）坚持乡村振兴战略，打造城镇形态新貌

瞄准打造“城乡融合样板区”目标，在一体化建设上对标找差，勇争前列，打好协调发展主动仗。

一是科学规划布局。坚持以系统化思维抓好城乡规划，完成村庄、水环境治理等专项规划编制，持续深化“多规融合”。做好工业区等重点片区、重点项目规划设计，为城镇发展提供空间保障。统筹抓好镇区和管理区提档升级建设，不断完善滨江新城区服务功能，改造提升古镇周边区域配套，深化城镇综合管理，努力构建定位清晰、要素协调的城镇空间体系格局。

二是推进城镇更新。全力打好恒大文旅城、高铁商务区和智能制造产业园等重点地块动迁硬仗。保障新闸小区、钱泾小区等在建、新建安置房建设，完成闸北二区二期1300套安置房分房，加快不动产证办理。完善综合管网、景观绿化等市政配套，全面完成农贸市场提档改造。继续推进镇区污水系统整治和老小区天然气改造，统筹实施工业区配套道路、绿化和亮化工程，提升城镇功能形象。

三是坚持乡村振兴。实施率先基本实现农业农村现代化三年行动计划。大力发展现代农业，做优“古港浏河”特色农产品品牌，完成2000亩高标准农田建设，推动绿色生态农业发展，提升粮食蔬菜保供能力。打造美丽宜居乡村，完成新塘村特色田园乡村建设，新建2个三星级康居乡村。深化农村产权制度改革，完成农村房地一体不动产登记颁证工作。加强农村“三资”平台监管，提升合作社规范化运作水平，持续拓宽农民增收渠道。

（四）满足美好生活需要，绘就民生幸福蓝图

围绕“人民生活更加美好”愿景，在社会事业发展上对标找差，勇争前列，打好社会治理主动仗。

一是优化公共服务供给。持续加大教育投入力度，加快明德二中、明德二小建设步伐，完成新塘小学食堂、体育馆建设，推动东方、滨江2个幼儿园开园招生。加快基层医疗卫生机构提档升级，支持浏河医院二级甲等医院创建，完成新塘卫生院新址主体建设。着力健全养老服务体系，实施老年人家庭适老化无障碍改造，不断提高居家养老服务率。推进社区区划调整，保障海塘社区筹建，加强物业管理，积极创建“幸福社区”。推动恒大运动中心投入运营，完善基层文体服务功能。

二是强化民生兜底保障。坚持实施就业优先战略，加强劳动关系监测分析，加大重点行业、群体就业扶持和技能培训力

度。完成人力资源市场信息化改造，搭建各类创新创业平台，提升就业创业服务水平。扎实推进社保扩面提标，加快养老保险、医疗保险与省市级接轨统筹。实施城乡低保专项治理，提高精准救助帮扶水平。保障双拥优抚安置政策落实。继续深化与贵州田坪镇、陕西楼观镇对口协作任务。

三是深化社会治理创新。常态化抓好疫情防控，加强冷链食品和入境人员等重点风险防控。全面推行“双随机、一公开”机制，提升综合行政执法效能。深化“智慧浏河”平台建设，探索“一个中心”智慧治理新模式，提升社会治理水平。优化法治服务保障，强化矛盾纠纷源头预防与多元化解机制。继续推进“331”整治。持续深化扫黑除恶专项斗争。扎实开展安全生产专项整治三年行动计划，加大重点领域安全隐患排查整治力度，建立健全城镇安全体系。

（五）践行绿色发展理念，擦亮生态文明底色

围绕推进长江大保护主题，在生态环境优化上对标找差，勇争前列，打好绿色发展主动仗。

一是狠抓污染防治。深化水环境治理，持续推进长江大保护，完成内河航道非法码头专项整治。严格执行“河长制”，加大城乡河道治理力度，扎实开展畅流工程及美丽河湖建设，确保国考断面水质稳定达标。强化土壤环境保护，做好拟出让地块土壤调查，全面完成农业面源污染综合治理项目。严格落实大气污染防治管控，常态化开展大气管控监测和溯源工作，强化企业挥发性有机物排放治理，确保空气质量持续改善。

二是抓好修复保护。严守生态保护红线，严控江滩湿地公园等生态空间开发强度，严格落实长江禁捕退捕任务，严厉打击非法捕捞行为，推动长江生态持续改善。深化美丽城镇建设，稳步推进城镇道路、自建小区绿化提档改造工程，不断提高城镇绿色覆盖率。常态化开展村庄环境长效管理，强化治理农村乱占耕地建房问题，全域推进生活垃圾分类，创建星级垃圾分类小区。确保通过国家卫生镇复审。

三是推动绿色发展。严格落实产业准入负面清单，规范项目环保审批，始终把牢项目准入关。大力推动产业绿色转型，促进企业安全环保整治提升，加快低端低效产能退出。常态化开展“散乱污”企业整治任务，落实全程动态管理。深入实施“三优三保”和“增减挂钩”项目，全年盘活存量用地815亩，提升土地集约节约利用水平。加快推进农村生活污水截污纳管工程，确保农村生活污水治理率超92%。

四、强化落实管党治党政治责任，把全面从严治党不断引向深入，为开启现代化建设新征程提供坚强政治保证

深入贯彻新时代党的建设总要求，全面加强管党治党各项工作，着力增强党组织的政治领导力、思想引领力、群众组织力和社会号召力，为现代化建设提供坚强政治保证。

（一）加强思想政治建设。把学习宣传贯彻习近平总书记视察江苏重要讲话指示精神作为重大政治任务，深入开展党的十九届五中全会精神宣讲，以高度的政治自觉认真学习、坚决抓好贯彻落实。扎实开展“四史”教育，在学思践悟中坚定理想信念。严守政治纪律和政治规矩，切实增

强政治敏锐性和政治鉴别力，以实际行动做到“两个维护”，确保上级各项决策部署在浏河落地见效。围绕高水平全面建成小康社会、庆祝中国共产党成立100周年等主题，扎实开展系列宣传活动。严格落实意识形态工作责任制，建立健全舆情监测、研判、回应机制，筑牢舆论宣传阵地。

（二）抓好干部队伍建设。严格执行《党政领导干部选拔任用工作条例》，深化用好“五突出五强化”选人用人机制，深入落实“三项机制”及激励干部担当“1+N”制度体系，锻造一支忠诚干净担当的高素质干部队伍。选优配强村（社区）“两委”班子，优化年龄结构、性别比例、学历层次，确保顺利完成村（社区）“两委”换届工作。持续加强党组织带头人队伍建设，开展村（社区）“两委”班子轮训，突出乡村振兴、社会治理、群众工作等重点领域，打造过硬干部队伍。加强干部梯队建设，加快年轻干部队伍培养，健全“培训、实践、展示”层进式培养体系，促进干部综合能力提升。

（三）夯实基层基础建设。深入贯彻新时代党的组织路线，不断增强基层党组织政治功能，推动基层党组织建设全面进步、全面过硬。深化“党建引领基层治理”项目，把党的组织优势转化为基层治理效能。强化“行动支部”建设，打造党支部和党员“动力工程”升级版。深入推进“红色领航百村振兴”专项行动，加强党建引领乡村振兴示范镇建设。做好党建引领融入上海文章，持续深化“聚邻党建”工作模式，形成临沪共建共治特色亮点。建强“海棠花红”先锋阵地，推行“互联网＋党建”新模式，做精做优“红帆云聚”平台，激发基层党建工作活力。

（四）强化作风纪律建设。深化全面从严治党，严格落实“两个责任”，推动党风廉政建设和反腐败工作向纵深发展。紧盯“关键少数”、关键岗位和重点领域，聚焦民生政策落实、为民服务质量，严肃查处群众身边腐败问题，加强对权力运行的监督与制约。严格执行中央八项规定及其实施细则精神，常态化开展“清风行动”，持续发力纠治“四风”，坚决破除形式主义、官僚主义。坚持关口前移，注重源头防范，推动警示教育常态化制度化。持续加大监督执纪问责力度，正确运用“四种形态”，灵活运用“第一种形态”，营造良好政治生态。

同志们，全面建设社会主义现代化新征程即将开启，前路漫漫、唯有奋斗，让我们更加紧密地团结在以习近平同志为核心的党中央周围，以习近平新时代中国特色社会主义思想为指导，只争朝夕、拼搏进取，真抓实干、勇毅笃行，以优异成绩庆祝建党100周年！

政府工作报告

——2021年1月22日在浏河镇第十八届人民代表大会第九次会议上

副镇长 王东

各位代表：

现在，我代表镇人民政府向大会报告工作，请予审议。并请列席人员提出意见。

2020年政府工作回顾

过去一年，面对新冠肺炎疫情的严峻挑战及复杂的宏观发展形势，镇人民政府坚持以习近平新时代中国特色社会主义思想为指导，自觉践行新发展理念，按照市委、市政府和镇党委决策部署，扎实做好“六稳”工作，落实“六保”任务，凝心聚力、担当作为，奋力夺取疫情防控和经济社会发展“双胜利”，全力推动高质量建设“全域旅游的滨江田园城镇”迈上新台阶，较好地完成了镇第十八届人民代表大会第七次会议确定的目标任务。全年完成一般公共预算税收收入8.14亿元，全社会固定资产投资46.04亿元。入选苏州市率先基本实现农业农村现代化示范镇。

一、抓投入，促转型，经济发展稳中有进

工业经济平稳向好。全年实现工业总产值128.26亿元，增长5.65%，其中规模以上工业产值96.25亿元，增长5.20%。工业投资18.01亿元，增长150.16%。注册外资9535万美元，增长71.21%，完成全年目标任务的105.94%。实际使用外资3627万美元，增长64.67%，完成全年目标任务的113.34%。引进内资18.04亿元，增长19.38%。新增企业法人数465家，市场主体2392户。“项目建设攻坚年”活动成效明显，成功举办招商推介会、金秋经贸月等系列活动。新泽智能机器人等9个超亿元项目签约落户，意欣智能科技等10个市级以上重点项目顺利推进，好博医疗等14个项目竣工投产。对德合作取得历史性突破，3家德资企业签约落户。高新、新兴产业产值占比分别达58.57%和65.75%，持续保持全市前列。

服务业提质增效。全域旅游规划完成编制。恒大文旅城项目加快推进，运动中心、中心园林基本建成，童话大街实现试运营。浏河古镇亮化二期工程顺利完工，朱氏老宅完成修缮。七十二家村田园综合体加快建设，引进专业化运营团队，海派文旅等3个重点民宿项目主体完工。“夜太美·为‘浏’而来”夜间经济品牌成功打造。“江海时光旅行节”等旅游节庆活动精彩纷呈。全域旅游智慧系统建成投用。省级旅游度假区年度考核排名提升至27位。

现代农业稳步发展。乡村振兴示范村覆盖率达50%，村均稳定性收入达1171万元。水稻种植面积突破2万亩，新增高标准农田5500亩，粮食产量稳步提升。“菜篮子”工程蔬菜产业化示范基地完成建设。国家级秸秆综合利用项目、省级优质农产品基地建设扎实推进。“稻虾蟹共生”标准化生产技术得到推广应用。积极培育特色农产品，“太秋”甜柿获评省级银奖。农旅活动不断丰富，稻香文化艺术节、稻香丰收节成功举办。种粮大户绩效管理全面加强，农业委培生“育苗计划”成效明显，“三资”监管体系不断完善。

创新驱动持续发力。规上工业企业研发投入4.12亿元，增长4.04%。人才工作实现进位，新增企业创新人才1805人，获评姑苏领军人才项目2个、太仓领军人才项目5个。科技创新取得突破，获评省产学研合作项目1个，净增国家高新技术企业16家，新增省民营科技企业23家、省星级上云企业2家、苏州市级企业技术中心1家。贯龙电磁线获评全市首家国家级专精特新“小巨人”企业。好博医疗国家重点研发计划项目顺利推进。科创载体持续优化，科创产业园一期加快建设，“慧创未来”科技孵化器入驻运营。

二、严防控、战疫情，生产生活平稳有序

疫情阻击坚决有力。全镇干部群众坚定信心、同舟共济、科学防治、精准施策。镇疫情防控指挥部迅速建立，高效运转。机关、村（社区）全员防疫，社会志愿者广泛发动，宣传引导全面覆盖，全社会防疫步调空前统一。坚持“外防输入，内防扩散”，境内入太通道设卡管制，居民小区全部实现封闭式管理。开发“智慧浏河”集成指挥平台疫情防控模块，推行“大数据+网格化+铁脚板”工作模式，构建“人、房、电”精准化防控体系。设立集中观察点2个，管控集中观察人员467人、居家观察人员1658人。未发现新冠肺炎疫情确诊病例、疑似病例及无症状感染者。

复工复产快速有效。全市首推企业复工数字化平台，帮助企业解决员工返岗、用工需求、防疫物资需求等问题，办理跨省工作通行证1000余张，发布招聘岗位1500个。全面落实太“惠”十二条、企业复工“十一条”等上级政策，制定落实房租减免、产能奖励等一揽子稳企促产政策，发放各类扶持奖励超2000万元，全力支持各类市场主体渡过难关。企业全部按期复工复产，恢复产能。

常态防控有力落实。苏康码全面推广，入境和重点地区人员健康管理常态化开展。大型公众活动备案管理严格实行，农贸市场、餐饮服务、工贸企业等重点场所督导检查持续深入。学校、养老院等机构防控安全网不断织密。浏河人民医院核酸检测实验室建成投用，标准化发热门诊改造基本完成。冷链食品监管不断加强。爱国卫生运动深入开展。各类防疫物资储备充足。

三、提能级，优生态，城乡面貌持续提升

城乡建设扎实推进。核心片区控制性详细规划获批，村庄发展规划加快编制。恒大文旅城、沪苏通铁路、太浏快速路等重点项目地块动迁工作扎实开展，完成“清零”地块15个，腾出净地585亩。闸北二区二期22万平方米安置房竣工验收，新闸小区、闸北二区三期18万平方米安置房加快建设，浏西一村、丁泾路两侧老小区完成改造。农村自建小区配套持续完善。张楼路、凤洲路完成“四好农村路”建设。新塘村特色田园乡村加快建设。建成三星级康居乡村2个。

城乡管理不断优化。全国文明城市创建交出满意答卷，省级文明镇通过复检，市容环境秩序显著提升。“三优三保”、产业用地更新“双百”行动深入推进，盘活存量建设用地1188亩。农村乱占耕地建房整治专项行动扎实开展。持续保持拆违整治高压态势，拆除各类违章建筑26万平方米。垃圾分类全面推广，47个居民小区实现“三定一督”，农村垃圾分类集中收运点建设有序推进。“厕所革命”深入实施，实现三星级康居乡村公共厕所布点全覆盖。新塘管理区获评全市考核第一等次。闸北村、复兴社区创成省健康村（社区），新闸村、河北社区、紫薇苑社区创成苏州市健康村（社区）。

生态质量持续提升。深入实施污染防治攻坚战，持续保持对“散乱污”企业高压态势。大气污染防治管控严格落实，完成大气污染治理项目48项。长江禁捕退捕工作全面落实，建成湿地防护林420亩，长江经济带审计问题及省级曝光环境问题完成销号。“河长制”改革持续深化，建成生态美丽河道6条，国、省考断面水质优Ⅲ比例达100%，城乡黑臭水体全面消除。国家级农业面源污染综合治理试点项目基本完成。农村人居环境整治强势推进，村庄清洁行动扎实开展。东仓村获评苏州市人居环境整治工作示范村。

四、惠民生、优治理，民生福祉不断增进

公共服务扩面提质。东方、滨江幼儿园装修工程加快推进。新塘小学体育馆完成桩基施工，明德二中、明德二小开工建设。浏河人民医院创成二级乙等医院，新塘卫生院异地新建项目顺利实施。常青集贸市场、新塘农贸市场完成提档升级。农村房地一体不动产登记颁证和安置房不动产证办理工作有序推进。标准化日间照料服务中心实现村（社区）全覆盖，社会化运营率100%。全市首家镇级慈善会正式成立。文化事业蓬勃发展，“大美浏河”全国摄影作品展、“江南画风”中国书画摄影名家邀请展成功举办。“小善大美·文明浏河”品牌内涵不断丰富，举办新时代文明实践活动1500场次。

社会保障全面提高。发放各类救助金523万元，尊老金228万元，各类稳就业补贴784万元，新增社保开户企业526家，参保缴费1.2万人，开展职业技能培训2810人次。办理土地换保障36批次共359人，养老保险省级统筹衔接工作顺利推进。现（退）役军人关爱工程深入开展，退役军人服务站通过省级验收，退役军人就业创业服务中心建成投用。治欠保支工作不断强化，督促兑付农民工工资8500万元。周至产业兴旺示范店落户浏河古镇，与贵州田坪镇、陕西楼观镇东西部协作持续深化。

社会治理更加扎实。“智慧浏河”集成指挥平台深入开发，“多网融合”格局加快构建，受理各类办件2.5万件，按时处置率和满意率均超96%。食品安全防线不断筑牢，取缔无证小作坊82家。扫黑除恶专项斗争取得实效，公众安全感达99.13%。人民调解措施得当，挽回群众经济损失超4000万元。镇领导班子成员信访接待制度深入推行，一批群众操心事得到积极化解。社区区划调整稳步实施，海塘社区加快筹建。村（社区）“两委”换届顺利推进。第七次全国人口普查工作基本完成。社会信用体系加快建设。

安全生产形势平稳。坚持“党政同责、一岗双责”，全面压实党政领导责任、部门监管责任、企业主体责任。“1+26+1”安全生产专项整治取得实效，排查发现隐患4433处并全部完成整改，取缔违法违规“小化工”及“六小”企业8家。“331”专项行动不断深化，完成各类隐患合规化改造1634处。安全生产标准化、企业双重预防机制建设深入开展。“医安联动”、高层住宅电梯五方联保等机制创新建立。各级督导问题整改全面完成。应急广播体系全面覆盖，应急能力建设不断增强。镇安监办获评苏州市“激励干事创业、奉献火红年代”先进集体。事前执法处罚力度持续加大，实现全年“两升两降”工作目标，今年以来未发生生产安全及火灾亡人事故。

五、转作风、优服务，自身建设不断深化

依法行政常抓不懈。法治政府建设不断加强，法律顾问作用充分发挥，政务公开力度持续加大，“七五”普法圆满收官。行政管理体制改革不断深化，“一办八局一中心”内设机构调整完善，“三整合”改革任务顺利完成。综合行政执法程序进一步规范，“三项制度”完成修订，“双随机、一公开”执法监督检查有效开展，办理行政处罚案件3565起，办结率100%。自觉接受镇人大的法律监督、工作监督和镇政协工委的民主监督，办理镇人大代表建议意见26件，满意和基本满意率100%。

利企便民提速加码。深入贯彻落实苏州开放再出发30条政策和太仓80条举措，构建亲清政商关系，营商环境进一步优化。“1120”审批服务改革目标提前完成，企业开办0.5个工作日实现常态化。重点项目高效审批机制创新建立，“双信三即”使用度和覆盖面不断扩大，实现“交地即发证”。“互联网＋政务服务”持续优化，“一件事”套餐服务不断拓展。累计办件20万件，按时办结率和办件满意度均达100%。镇公共资源交易中心建成投用。“1+15”二级便民服务体系不断完善，92项便民服务实现不出村。

作风建设持之以恒。深入学习贯彻党的十九届四中、五中全会精神，巩固拓展“不忘初心、牢记使命”主题教育成果。认真落实全面从严治党要求，强化“一岗双责”，纵深推进政府系统党风廉政建设。意识形态工作责任制压紧压实。“作风效能提升年”活动深入开展。坚决贯彻中央八项规定及其实施细则精神，严防“四风问题”反弹回潮。上级各类巡察反馈问题整改全面完成，审计问题整改扎实推进。厉行勤俭节约，严控“三公经费”，政府债务有序化解。财务管理制度进一步完善，国资公司和编外用工管理进一步加强。

此外，妇女儿童、残疾人、民族宗教、兵役、金融、档案、机关事务等工作也取得了长足进步。

各位代表，这些成绩的取得离不开市委、市政府和镇党委正确领导，离不开人大代表严格监督和政协委员鼎力支持，离不开广大干部群众共同努力。在此，我谨代表镇人民政府向全镇人民，向各位人大代表，向为抗击疫情做出贡献的广大医护人员、党员干部、志愿者，向所有参与、关心和支持浏河镇社会经济发展的各界朋友，表示衷心的感谢和崇高的敬意！

在取得成绩的同时，我们也清醒地认识到，对照高质量发展要求，对照群众对美好生活的向往，我镇经济社会发展和政府工作中还存在一些问题和不足，主要有：创新核心地位不够突出，智能化改造、数字化转型步伐还需加快。全域旅游亮点不够凸显，城乡配套设施和管理水平还需提升。生态和人居环境基础不够牢固，环境治理、拆违整治力度还需加大。公共服务供给不够充分，社会治理现代化还需推进。政府系统部分干部攻坚克难意识不够彰显，作风效能建设还需深化。对此，我们将正视不足，直面挑战，采取更为扎实有效的措施，切实加以解决。

2021 年目标任务和主要工作

2021 年，是建党 100 周年，也是“十四五”规划和现代化建设的开局之年。按照中共浏河镇第十四届党员代表大会第六次会议的决策部署，今年政府工作的总体要求是：以习近平新时代中国特色社会主义思想为指导，全面贯彻党的十九大和十九届二中、三中、四中、五中全会以及中央经济工作会议精神，深入贯彻省委十三届九次全会、苏州市委十二届十一次全会、太仓市委十三届十一次全会精神，坚持稳中求进工作总基调，立足新发展阶段，贯彻新发展理念，构建新发展格局，以推动高质量发展为主题，以深化供给侧结构性改革为主线，以改革创新为根本动力，以满足人民日益增长的美好生活需要为根本目的，坚持系统观念，巩固拓展疫情防控和经济社会发展成果，围绕建设“全域旅游的滨江田园城镇”，统筹推进改革发展稳定各项工作，不断提升政府自身建设质量和水平，奋力推动现代化建设开好局、起好步。

全镇经济社会发展的主要预期目标是：地区生产总值增长 6.5% 以上，一般公共预算收入增长 10% 以上，全社会固定资产投资增长 15% 以上，规上工业产值增长 10% 以上，居民收入增幅高于地区生产总值增幅，约束性指标完成上级下达任务。

为实现上述预期目标，重点做好以下五个方面工作：

一、坚持量质齐升，突出创新转型，推动发展动能新突破

*扩大有效投资。*立足区位优势，抢抓高铁机遇，积极引进隐形冠军、“小巨人”和头部企业。跟踪对接上海轴承科技等 27 个重点意向项目，抓好海泰汽车科技等 17 个市级以上重点项目建设进度，确保浩达华东电商中心等 5 个项目年内竣工投产。主动融入长三角一体化，强化与上海优势产业配套协作。完善企业服务体系，加强项目全生命周期管理，做好土地、资金等要素保障，确保项目建设有力有序推进。

*提升产业能级。*围绕市“11155”产业发展目标，持续做大高端装备制造、汽车零部件等主导产业，大力推动生物医药产业加快发展。加快智能制造产业园建设，打造智能产业集聚新高地。积极探索智能经济、数字经济，加快智能化改造、数字

化转型步伐，全面推动企业“上云上平台”。扶持民营企业做大做强，推进好博医疗上市工作。盘活南部、北部工业区存量资源，做足“腾笼换鸟”文章，提高土地节约集约利用水平。

强化科技创新。积极融入太仓临沪高新技术产业带，加大高新技术产业扶持力度，持续做大做优科技创新总盘子。加强人才引育，强化高企培育，力争新增市级以上领军人才项目6个以上，净增高企12家以上。强化企业创新主体地位，新增省、苏州市级企业研发机构9家。加强“大院大所”科技合作，加快科创产业园一期建设,高标准运营“慧创未来”科技孵化器，构筑“众创空间—孵化器—加速器—产业园”孵化链条。高新技术产业、战略性新兴产业产值占比保持全市前列。

二、坚持统筹布局，聚焦全域旅游，推动城乡融合新突破

深化全域旅游。全力服务恒大文旅城重大项目，提速童世界乐园主城堡和单体建设进度，助推五星级酒店等各大板块顺利推进。加快七十二家村田园综合体项目建设，开业一批精品民宿。持续优化古镇业态，建成浏河历史文化展示馆，提档游客服务中心。不断完善旅游公共服务设施，丰富旅游产品供给，优化智慧旅游系统功能。办好首届“江海之韵”文化旅游艺术节等文旅节庆活动。深化打造夜间经济品牌。省级度假区排名争先进位。

统筹城乡建设。优化镇村布局，完成村庄规划编制，提升多规合一和规划引领水平。全力打好恒大文旅城、高铁商务区、智能制造产业园等重点项目地块动迁硬仗，有序推进建成区、闸南工业区城镇更新。做好闸北二区二期安置房分房工作，加快闸北二区三期、新闸小区安置房建设，启动钱泾安置小区新建工程。加快安置房不动产证办理。持续完善污水管网、天然气、绿化等城镇基础设施。提档东港路等3条镇区道路，抓好“四好农村路”建设。全力保障太浏快速路延伸段、龙江路快速化建设。

强化精细管理。巩固提升全国文明城市创建成果，完善长效管理机制，进一步提升全镇文明程度。加强沪苏通铁路、太浏快速路等沿线环境综合治理。推进户外广告设施整治提升。深入开展道路交通秩序大整治大提升行动。全域推广垃圾分类，创建星级垃圾分类小区。持续推进“厕所革命”。着力提升物业管理行业监管水平。不断深化新塘管理区长效管理。全力做好国家卫生镇复审工作。

推进乡村振兴。扎实推进探索率先基本实现农业农村现代化三年行动计划，提高乡村振兴示范村覆盖率。大力发展现代农业，强化农业科技和装备支撑，有序推进国家级水稻秸秆综合利用试点项目、省级优质农产品基地建设，新建高标准农田2000亩。深化农村产权制度改革，拓宽农民持续增收渠道。实施新一轮农地补贴方案，加快构建新型农业经营体系，培育壮大多种类型农业经营主体。持续完善农业委培生、新型职业农民培养机制，不断提高“三资”监管水平。

三、坚持生态优先，聚焦环境治理，推动美丽浏河新突破

加强生态修复。深入落实《长江保护法》，严格执行长江十年禁渔计划，加强新浏河等入江支流水岸同治，保持长江浏

河段生态环境稳定向好。深化“河长制”改革，新建生态美丽河道 9 条，实施畅流工程 4 项。深入开展“三优三保”和产业用地更新“双百”行动，盘活存量建设用地 815 亩。全面完成国家级农业面源污染综合治理试点项目。稳步推进西部农业园地块整治复耕工程。

强化污染防治。深入打好污染防治攻坚战，持续加大整治“回头看”力度，坚决防止“散乱污”企业反弹回潮。强化土壤污染防治，严厉打击非法转移偷倒行为。加强大气污染防治管控，开展大气管控自行监测溯源，深度治理挥发性有机物无组织排放。深化水环境治理，完成全域水系规划编制，进一步提升高质量发展水环境断面水质达标率。强化环境监察执法，积极探索跨省边界生态共治共管机制。

改善农村面貌。加强农房建设管理和违建管控，强化规范引导与政策衔接，改善农民住房条件，完成农村乱占耕地建房专项整治，全面开展农村房地一体不动产登记颁证工作。加快推进农村生活污水截污纳管工程，确保农村生活污水治理率 92% 以上。常态化推进农村人居环境整治，加强村庄环境长效管理，全面清零人居环境“黑榜”，全力提升“红榜”见榜率。深化美丽田园乡村建设，新建三星级康居乡村 2 个，建成新塘村特色田园乡村。

四、坚持民生为本，聚焦美好生活，推动民生福祉新突破

夯实保障基石。严格落实就业优先政策，深化职业技能培训，积极搭建各类创新创业平台。扎实推进社保扩面提标，平稳推进养老、医疗保险与省市级接轨统筹。深入开展“阳光扶贫”等帮扶活动，精准帮扶因灾因病致贫家庭。完善镇、村（社区）两级退役军人服务体系建设。提档改造人力资源市场，健全农民工工资治欠保支长效机制。

优化服务供给。不断扩大民生事业投入比例，加快明德二中、明德二小、新塘小学体育馆建设，确保东方、滨江幼儿园秋季招生。深化医联体合作，支持浏河人民医院创建二甲医院，加快推进新塘卫生院异地新建工程。深入改造常青集贸市场。更新村镇公交车，提档镇区智能候车亭。丰富拓展“政社互动”“三社联动”发展内涵，加大“发展型”幸福社区创建力度。健全养老服务体系，推进星级养老服务机构建设，提高居家养老服务率。

抓牢常态防疫。慎终如始抓好新冠肺炎疫情常态化精准防控，压实防控责任，强化应急物资保障。做好入境人员闭环管理，加强冷链食品等重点领域监管，坚持“人”“物”同防，严防“境外输入”。加强人员出行、聚集性活动管控，落实重点场所防控举措，做好中高风险地区来返人员健康监测，严防“境内反弹”。加强爱国卫生宣传教育，落实个人防护措施，有序推进新冠疫苗接种，全力保障群众身体健康和生命安全。

提升治理水平。积极融入太仓“智慧城市”布局，深化“智慧浏河”平台建设，做优“多网融合”网格化管理。完善矛盾纠纷多元化解机制，全面深化领导干部接访下访、包案化解制度建设。健全社会信用体系，推进信用联合奖惩应用。依法依规做好村（居）委会换届选举。优化调整社区区划，正式成立海塘社区。

筑牢安全防线。严格落实属地管理责

任，压紧压实部门监管责任和企业主体责任。巩固提升“1+26+1”安全生产专项整治成效，深入开展安全生产专项整治三年行动，狠抓隐患闭环管理，推动安全生产形势持续稳定向好。持续加大事前执法处罚力度，完善打击违法违规“小化工”长效机制。巩固提升“331”专项行动成效，做强“满电回家”精品工程。加强应急管理能力建设，开展综合性应急演练。积极探索安全生产创新机制，提升城镇本质安全水平，切实保障人民群众生命财产安全。

五、坚持担当作为，聚焦作风效能，推动自身建设新突破

加强政治建设。深入学习贯彻党的十九届五中全会精神和习近平总书记视察江苏重要讲话指示精神，切实增强“四个意识”、坚定“四个自信”、做到“两个维护”，始终同以习近平同志为核心的党中央保持高度一致。不断加强政府系统党建工作，深入开展“四史”学习教育。坚持民主集中制，遵守党内政治制度。深入落实意识形态工作责任制，增强政治敏锐性和政治鉴别力。

坚持依法行政。全面推进法治浏河、法治政府、法治社会一体建设。深入落实“谁执法谁普法”责任制，开启“八五”普法新篇。深化行政管理体制改革，理顺优化内设机构职能。深入整合综合执法“一队伍”，进一步规范执法程序，全面推进“双随机、一公开”执法监督检查。持续深化政务公开，扎实推进政务新媒体建设。依法接受人大法律监督、工作监督，自觉接受政协工委民主监督，主动接受社会和舆论监督，认真听取社会各界意见建议，提高人大代表建议办理质量和满意度。

提升服务水平。全力营造一流营商环境，保护和激发市场主体活力，支持中小微企业和个体工商户发展。健全政企常态化沟通机制，深化民营企业家沙龙等活动。持续优化“互联网＋政务服务”，推进“1120”改革从“快办”向“好办”升级，推出更多“一件事”套餐式服务。深入基层开展调研，积极回应群众关切。全力推进民生实事项目，不断提升群众幸福感和满意度。

改进工作作风。持续推进政府系统党风廉政建设，从严落实中央八项规定及其实施细则精神，严防“四风”问题反弹。全面完成审计问题整改。树牢“过紧日子”思想，加强预算管理和审计监督，严控非急需非刚性支出，强化政府投资和采购项目管理，提高债务化解能力。认真落实“三项机制”，大力营造敢于担当、干事创业氛围，积极锻造务实担当、清正廉洁的干部队伍。

各位代表，征程万里风正劲，重任千钧再扬鞭！让我们更加紧密地团结在以习近平同志为核心的党中央周围，以习近平新时代中国特色社会主义思想为指导，在镇党委的坚强领导下，锐意进取、攻坚克难，不断凝聚高质量建设“全域旅游的滨江田园城镇”强大合力，奋力开启现代化建设新征程，以优异成绩向建党100周年献礼！

浏河镇人民代表大会主席团工作报告

——2021年1月22日在浏河镇第十八届人民代表大会第九次会议上

镇人大主席　楼浩平

各位代表：

我受浏河镇第十八届人民代表大会主席团委托，向大会报告工作，请予审议。

2020年主要工作回顾

2020年是高水平全面建成小康社会和“十三五”规划的收官之年，也是全党全国各族人民在党中央的坚强领导下统筹推进疫情防控和经济社会发展的极不平凡的一年。浏河镇人大主席团坚持以习近平新时代中国特色社会主义思想为指导，在镇党委的坚强领导下，紧紧围绕全镇工作大局，强化责任担当，依法行使宪法和法律赋予的各项职权，为推进我镇经济社会高质量发展发挥了积极作用。全年共召开人民代表大会2次、主席团会议4次，组织代表开展执法检查2次、专题视察8次、代表统一接待日活动4次，听取和审议各类工作报告6次，较好地完成了第十八届人大七次会议确定的各项任务。

一、坚持党的领导，把准新时代人大工作政治方向

一年来，镇人大主席团始终坚持把党的领导贯穿于人大工作各方面和全过程，准确把握上级精神，使人大工作更好地融入全镇经济社会高质量发展大局，助推各项改革任务落到实处。

*自觉提高政治站位。*始终把坚持党的领导作为人大工作的首要政治原则，自觉增强“四个意识”、坚定“四个自信”、做到“两个维护”，坚决在思想上、政治上、行动上同以习近平同志为核心的党中央保持高度一致。围绕省委、苏州市委、太仓市委和镇党委决策部署，立足我镇经济社会高质量发展目标，科学制订年度工作计划。坚持重大事项请示汇报制度，向镇党委报告人大主席团重点工作和活动安排，始终将人大工作置于党的领导之下。

*加强意识形态引领。*深刻领会习近平总书记关于意识形态工作的系列重要讲话和重要指示精神，充分认识社会主义意识形态对增强我国社会凝聚力和引领力的重要意义。严格把关工作中涉及意识形态的事

项，要求人大代表坚决落实意识形态领域的各项工作要求，突出发挥人大代表在强化意识形态工作方面的优势作用，以人大代表履职为途径，传播正能量，弘扬主旋律，切实加强意识形态建设。

积极落实党委决策。围绕党委中心工作，充分发挥人大职能优势，全力服务和推动镇党委各项决策部署落地见效。聚焦高质量建设“全域旅游的滨江田园城镇”目标，认真开展农旅、文旅创新发展专题调研，助推我镇在全省旅游度假区排名中争先进位。围绕深化供给侧结构性改革要求，针对农业供给侧改革、服务业创新发展等课题开展调研，建议淘汰落后产能，补齐农业现代化短板，为区域经济发展培育新增长点。

二、贯彻新发展理念，全力服务高质量发展大局

一年来，镇人大主席团聚焦镇党委中心工作，对照高质量发展要求，依法履职履责，加强监督检查，彰显人大作为，助推浏河镇经济社会高质量发展。

聚焦优化营商环境。密切关注全镇经济运行总体情况，听取和审议《浏河镇2020年上半年经济和社会发展情况报告》，督促政府统筹把握宏观发展形势，加大产业转型升级力度，加强科技服务平台建设，不断提高产业竞争力。组织开展“代表评营商，助力最舒心”专项工作、“严守安全生产红线，优化营商环境”专题活动，听取2020年浏河镇安全生产工作汇报，就如何进一步加强安全生产工作，优化浏河营商环境提出意见建议。

聚焦规划纲要编制。围绕“十四五”规划纲要编制组织开展“我为‘十四五’规划献良策”活动2次，在市、镇两级代表中征集意见建议22条，为科学谋划“十四五”时期战略布局凝智聚力。立足深入推进我镇行政管理体制改革，开展专题调研，不断巩固改革成果、推动实践创新，充分发挥人大代表在基层社会治理中的重要作用，督促政府相关部门进一步树立问题导向、顺应民生需求，以“网格化”助力精准治理。

聚焦乡村振兴战略。坚持疫情防控和乡村振兴工作两不误，组织动员人大代表参与疫情防控，扎牢疫情防控网。重点围绕我镇农业农村发展开展专题调研，收集农房翻建、高标准农田建设、农产品销售等一批高质量意见建议，为党委部署农业农村工作提供决策参考。督促政府加快建设七十二家村田园综合体项目，加大农村人居环境整治力度，加强农村集体资产管理和农村基层治理创新，紧抓特色现代农业发展，凝聚乡村振兴的磅礴力量。

三、立足普惠发展，着力促进民生事业持续改善

一年来，镇人大主席团始终坚持以人民为中心的价值追求，围绕人民群众最关心最直接最现实的利益问题，依法开展监督，让改革发展成果惠及全镇人民。

督办民生实事项目。以政府民生实事项目作为回应民生关切的重要抓手，在镇十八届七次会议上首推民生实事项目票决制，政府广泛征集民意提出项目，人大代表差额票决确定项目，强化监督合力助推项目建设。组织人大代表采用“看、听、议”的形式，视察浏南村三星级康居乡村、新闸村老年人日间照料中心、东方幼儿园和明德二中、明德二小等民生实事项目建设情况，听取和审议政府分管领导对相关情

况的汇报，就进一步落实工作责任、倒排工作时间、细化工作目标提出建议，督促相关责任部门从严从实抓好项目建设，真正把民生实事项目办成民心工程。

聚焦城镇能级提升。围绕全国文明城市创建、沪苏通铁路、太仓站、太浏快速路建设组织开展专题视察调研活动，通过人大代表积极建言献策，为党委、政府进一步完善创建思路，优化创建举措，推进道路交通规划建设出谋划策，充分发挥浏河在长三角区域一体化中的重要作用。围绕长江大保护、“河长制”改革、污染防治攻坚战、生活垃圾分类等工作，组织人大代表开展督查调研，督促政府加大工作力度，狠抓责任落实，强化监督监管，巩固治理成效。针对生活垃圾分类省级试点工作，建议政府加大宣传、加快布局、加强考核，打造生活垃圾分类的浏河模式。

提升社会治理效能。组织人大代表参与“执法为民、服务发展”主题实践评议活动，评议镇级执法服务部门21个，要求相关部门认真总结工作经验，查找存在的不足，按照代表们提出的意见建议制定整改措施，认真加以落实。进一步提升法治化工作水平，营造依法履职、高效便民、公平公正的政务环境，切实增强人民群众法治建设的满意度和获得感。做好人大信访工作，针对受理的群众来信来访，及时转交政府及相关部门办理，并全程跟踪督办，有效维护了群众合法权益与社会和谐稳定。

四、坚持务实创新，充分尊重发挥代表主体作用

一年来，镇人大主席团充分发挥代表主体地位，完善履职机制，拓展履职平台，强化履职保障，进一步彰显人大代表主体地位和作用。

强化履职服务保障。科学制订培训计划，有针对性地组织代表开展学习考察，着力提升代表履职水平。组织市、镇人大代表深入学习贯彻习近平总书记关于坚持和完善人民代表大会制度的重要思想，全面贯彻落实省委、苏州市委、太仓市委召开的人大工作会议暨纪念地方人大成立40周年大会精神。完善代表履职管理系统，线上履职平台与线下人大代表之家相互补充，及时通报代表活动及工作动态，促进代表履职更加高效便捷。

督办代表意见建议。在镇第十八届人大七次会议上，代表们提出意见建议26件，会后根据意见建议的性质和类别，分别交办相关职能部门，在督办过程中，镇人大以“狠抓办理落实率、提高代表满意率”为目标要求，采用逐件跟进、提醒督办的方式，确保代表意见建议件件有着落、事事有结果。26件人大代表意见建议均按规定期限向代表作出书面答复，办复率达100%，代表满意率或基本满意率达100%。

加强代表与群众联系。完善履职平台建设，建成东仓村、新闸村“人大代表之家”。加强代表与选民联系，全年组织代表接待选民活动4次，12名市人大代表和22名镇人大代表参加活动，接待选民25人次，累计收到选民意见建议38条。组织开展代表向选民述职活动，5名市人大代表和14名镇人大代表向选区选民报告履职情况。加强了代表与选民的双向交流，代表的履职意识得到了提升。

五、坚持固本强基，着力提升人大依法履职能力

一年来，镇人大主席团主动适应新形

势新要求，持续加强思想政治建设，持之以恒优化队伍作风，始终把推进自身建设作为依法履职、科学履职和民主履职的重要基础和有效保障。

加强思想政治建设。深入学习贯彻习近平新时代中国特色社会主义思想和党的十九大及十九届二中、三中、四中、五中全会精神，切实把学习成效转化为推动新时代人大工作高质量发展的强大动力，做到把思想统一到党的理论指引上，把力量凝聚到党的目标任务上，以强烈的责任感、使命感和紧迫感，切实担负起党和人民赋予的神圣职责，夯实依法履职的思想基础。

加强能力素质建设。组织人大主席团成员学习党的基本理论、方针政策、法律法规和人大工作基本知识，力求政治理论学通、法律法规学懂、业务知识学精。抓好人大代表理论学习和业务培训，坚持从严要求、求真务实，主动加强和人民群众的联系，倾听和反映群众的呼声，真正为群众办实事、办好事。人大主席团成员和人大代表综合素质和履职水平显著提升。

加强作风效能建设。坚持突出重点、抓住关键，组织代表深入基层开展调研，切实了解基层情况、反映基层呼声。切实加强党风廉政建设，着力打造忠诚干净担当的人大代表队伍，树立人大代表务实清廉的良好形象。规范工作程序，认真履行人大工作制度、代表活动制度，进一步完善代表接待选民制度、代表向选民述职制度，确保人大工作规范化、标准化。

各位代表，过去一年人大工作所取得的成绩，是在镇党委正确领导下，全体代表共同努力的结果，是各部门积极配合、全镇人民大力支持的结果。在此，我谨代表镇人大主席团表示衷心感谢！

同时，对照新形势、新任务、新要求，我们也清醒地认识到存在的问题和不足，主要是：对推进新时代人大工作高质量发展的思考有待进一步深入，各项监督评议的质量需要进一步提高，代表活动的形式有待进一步创新等。对于这些问题，我们将听取各方意见，切实加以改进。

2021 年的主要任务

2021 年是“十四五”规划开启之年，是中国共产党建党一百周年，也是国家全面建设社会主义现代化新征程的起步之年。镇人大主席团将以习近平新时代中国特色社会主义思想为指导，深入贯彻党的十九届五中全会精神和总书记视察江苏重要讲话指示精神，深入贯彻习近平法治思想和总书记关于坚持和完善人民代表大会制度的重要思想，在镇党委的坚强领导下，围绕建设“全域旅游的滨江田园城镇”目标，充分发挥人大优势，为推动浏河经济社会高质量发展贡献人大力量。

一、提高政治站位，进一步发挥制度优势。坚持大局为重，坚决贯彻镇党委重大决策部署，瞄准打造“融入上海先导区”“全域旅游示范区”“城乡融合样板区”目标要求，围绕“人民生活更加美好”愿景和推进长江大保护主题，把人大工作放到党委工作中心任务中去思考、谋划和推进，重点做好对产业能级提升、文旅融合发展、长三角一体化建设、社会事业发展、生态环境保护等方面的监督，推动各项工作落到实处。

二、突出工作重点，进一步发挥监督实

效。科学把握新发展阶段浏河镇经济社会发展的新目标新任务，坚持全覆盖与抓重点相统一，既要确保人大监督不留盲区、不留死角，又要突出重点，对民生实事项目和政府工作报告提出的重点工作落实情况进行监督。坚持问题导向与跟踪督查相结合，采取实地考察、专题调研等多种形式，创新监督方式，加强跟踪监督，紧盯工作落实，提升监督质效。

三、改进代表工作，进一步发挥主体作用。拓宽参政议政渠道，创新问政督政方式，将维护人民的根本利益作为人大工作的出发点和落脚点，切实将人民代表大会制度优势转化为促进改革发展、增进民生福祉的治理效能。依据“继承创新、提档升级、规范建设、试点先行、整体推进”的总体思路，打造功能齐全、管理到位、务实创新的新型人大代表履职平台，进一步发挥人大代表履职平台密切联系代表和群众的桥梁纽带作用。

四、加强自身建设，进一步夯实履职基础。镇人大主席团要坚持守正创新，加强主席团成员和人大代表履职能力建设，努力提升履职水平，建设敢于担当、依法履职、砥砺奋进的代表队伍，严守政治纪律和政治规矩，始终在思想上、政治上、行动上同党委保持高度一致。扎实做好换届选举工作，把坚持党的领导、充分发扬民主和严格依法办事贯穿于换届选举全过程，深入调研，周密组织，严肃纪律，确保换届选举顺利进行。

各位代表，新时代呼唤新担当，新征程需要新作为。让我们更加紧密地团结在以习近平同志为核心的党中央周围，以习近平新时代中国特色社会主义思想为指导，在镇党委的坚强领导下，认真履行宪法和法律赋予的职权，不忘初心、牢记使命、担当作为，为推动高质量建设“全域旅游的滨江田园城镇”做出新的更大的贡献！

媒体报道题录

表 13　　2020 年苏州市级以上媒体报道汇总

序号	媒体名称	作品名称	出版日期	刊登版面
1	苏州日报	在长江口迎接新年第一缕阳光 太仓市浏河镇机关青年举行迎新年活动	1 月 2 日	A02
2	苏州日报	建设环保型产业园区 悦格互联网特色新零售产业园项目落户太仓	1 月 20 日	A02
3	苏州日报	地毯式排查　控制疫情蔓延 浏河镇紧急排查辖区外来流动人员	2 月 5 日	A06
4	苏州日报	解决跨省上班族“刚需” 浏河镇核发 169 张“嘉太两地通勤证”	2 月 20 日	A04
5	苏州日报	推出“线上＋线下”“白＋黑”工作模式 浏河镇规上企业全面复工	2 月 21 日	A03
6	苏州日报	当好“服务员”助力早开工 浏河防疫网格小组帮企业织牢“安全网”	2 月 28 日	A09
7	苏州日报	把“疫”线作为党员冬训主战场 浏河镇积极探索“云冬训”新模式	3 月 9 日	A04 （头版转接）
8	苏州日报	大型及特大型餐饮企业全部备案通过 浏河餐饮业逐渐恢复堂食	3 月 18 日	A06
9	苏州日报	古镇闲逛　江滩踏青 浏河镇居民感受春意	3 月 22 日	A03
10	苏州日报	浏河镇 拆除违建 268 间	3 月 23 日	A05
11	苏州日报	“智慧”公式解决疫情防控难题 “智慧浏河”指挥中心科学调度 保障“阵地战”顺利开展	3 月 24 日	A07

续表

序号	媒体名称	作品名称	出版日期	刊登版面
12	苏州日报	浏河镇16家企业限期搬离	4月15日	A08
13	苏州日报	火红年代一起学 "学习强国"苏州学习平台线下系列活动正式启动	4月22日	A02
14	苏州日报	全省首创　太仓试点 我市启动市(区)、镇、村三级"学习强国"阅享空间建设	4月22日	A02
15	苏州日报	电动车起火1分钟就销毁 太仓"331"专班开展电动自行车安全整治	4月25日	A07
16	苏州日报	整治违规广告　扮靓"天际线" 浏河镇拆除大型广告牌21块	5月7日	A08
17	苏州日报	拆除违建230间 浏河镇开展专项整治	5月14日	A08
18	苏州日报	吃下"定心丸"　安心谋发展 浏河镇企业获1000多万元奖励	5月18日	A02
19	苏州日报	浏河镇老浏河南岸居住区雨污分流用上新招 污水管道走"水路"接入主管网	5月20日	A09
20	苏州日报	八旬老翁"暴走"推广"新时尚"	5月22日	A10
21	苏州日报	太仓浏河镇通过压实、延伸"教学链",在确保全镇3166名党员应训尽训的同时,鼓励更多普通群众参与冬训的学习和实践—— 图书"漂流"抗疫学习两不误	5月27日	A08
22	苏州日报	昔日两救落水者　如今又拾金不昧 浏河"好人"再传佳话	5月29日	A10
23	苏州日报	今年以来,太仓浏河镇坚持"用户思维、客户体验",营造一流发展环境,推动服务环境再升级,努力以更优发展环境,赢得更优发展优势—— 释放"吸引力"送企"定心丸"	6月1日	A1(头版)

续表

序号	媒体名称	作品名称	出版日期	刊登版面
24	苏州日报	“笔力加油班”助青干提升能力 太仓浏河探索“三步闭环法”培训学习新模式	6月5日	A2
25	苏州日报	车库住人拒不整改　断电! 浏河镇开展联合执法行动	6月8日	A6
26	苏州日报	违建房出租住人　拆! 浏河镇加强整治消除农村火灾隐患	6月10日	A9
27	苏州日报	探索“云学习”新模式 浏河开展线上勤廉领读	6月13日	A7
28	苏州日报	两地党员群众线上线下共学习 太仓市浏河镇举办“千人共学两会精神” 主题党日活动	6月18日	A2
29	苏州日报	党员带头上开启“总动员” 浏河以党建引领基层治理	6月18日	A6
30	苏州日报	互助志愿者护航垃圾分类 浏河镇渔村社区垃分有新招	6月18日	A12
31	苏州日报	思维碰撞探讨“大保护之策” 浏河镇政协建言助力“长江大保护”	6月30日	A5
32	苏州日报	两违整治清零 太仓市浏河镇提升辖区河湖整体面貌	7月3日	A5
33	苏州日报	百名老兵拍照忆峥嵘岁月 浏河镇开展摄影活动	7月8日	A10
34	苏州日报	学技能	7月11日	A10
35	苏州日报	浏河采用新技术治理河道污染 “物理＋生化”重建水体微生物系统生态	7月15日	A9
36	苏州日报	浏河镇浏南村拿出硬核抗风举措 一天搭建好临时过渡房	7月16日	A6

续表

序号	媒体名称	作品名称	出版日期	刊登版面
37	苏州日报	7个项目签约总投资32亿元 浏河聚焦产业转型升级精准招商	7月22日	A3
38	苏州日报	让浏河古镇夜晚亮起来 “夜太美·为‘浏’而来”系列活动发布	8月1日	A5
39	苏州日报	根除隐患　严防“回潮” 浏河镇集中拆除大型违建万余平方米	8月8日	A7
40	苏州日报	家庭积分引领乡风文明 “和美东仓”积分制调动村民自我管理积极性	8月13日	A12
41	苏州日报	道路改造让老街越走越舒心 浏河镇投入1400万元全面提升3条道路质量	9月10日	A10
42	苏州日报	数百吨海鲜丰富双节“菜篮子” 太仓浏河渔港卸下今年东海休渔后开捕首批海产品	9月24日	A5
43	苏州日报	浏河荣膺“长三角书画名镇” “江南画风”中国书画摄影名家邀请展开幕	9月24日	A6
44	苏州日报	去赴一场时光穿梭之旅 2020浏河江海时光旅行节“十一”开启	9月30日	A7
45	苏州日报	太仓浏河镇唱响节日主旋律 祖国赞歌“村村响”	10月10日	A5
46	苏州日报	不断改善镇区环境质量 浏河清理整治“散乱污”企业	10月10日	A6
47	苏州日报	太仓浏河镇 清运40余吨废旧物品	10月21日	A9
48	苏州日报	浏河镇成立慈善会 7家单位共捐款百万元	10月29日	A5
49	苏州日报	道路先行推动产业园发展 浏河镇苏张泾路、苏张泾路支路通车	11月9日	A2

续表

序号	媒体名称	作品名称	出版日期	刊登版面
50	苏州日报	22个项目签约　总投资超50亿元 太仓浏河镇举办招商引资推介会	11月14日	A2
51	苏州日报	社区有了“乡音领读员” 太仓浏河镇多措并举让党的创新理论 走进群众心坎里	11月16日	A8
52	苏州日报	占用消防通道开农家乐 太仓浏河镇拆除一酒店违建	11月20日	A11
53	苏州日报	跨省支部打造“边界经济带” 太仓浏南村携手上海毛桥村推进乡村振兴	11月23日	A2
54	苏州日报	全力消除“三合一”隐患 太仓市浏河镇集中整治两处大型隐患点位	11月28日	A8
55	苏州日报	共同提升交界区域水生态环境质量 浏河与上海两镇实行联合河长制	12月11日	A4
56	苏州日报	当好枢纽门户城市“桥头堡”	12月12日	A6
57	苏州日报	太仓浏河镇立足地域特色，健全基层党组织互联互动机制，整合各方力量参与社会治理——“党建+”链出基层治理新格局	12月13日	A1
58	苏州日报	提升综合医疗能力 太仓浏河镇新塘医疗服务中心项目开工	12月23日	A16
59	苏州日报	清理土地约3.3万平方米 太仓浏河镇整治农村违法出租房	12月24日	A10
60	新华日报	坚守一线，服务群众零距离	2月7日	SZ02
61	新华日报	太仓一张“通勤证”解决跨省上班难题	2月21日	19版
62	新华日报	太仓浏河镇精细化治理提升城镇“颜值”	4月10日	18版
63	新华日报	浏河镇“笔力加油班”开班	5月29日	23版
64	新华日报	太仓浏河开展线上勤廉领读	6月5日	23版

续表

序号	媒体名称	作品名称	出版日期	刊登版面
65	新华日报	太仓市浏河镇“滴管式”培养新型职业农民	6月30日	22版
66	新华日报	太仓浏河启动夜经济系列活动	8月7日	23版
67	新华日报	东海开捕，来浏河尝“鲜”	9月25日	21版
68	新华日报	太仓市浏河镇东仓村： 从一根烟丝里奋斗出来的产业强村	10月16日	31版
69	新华日报	太仓浏河：打造智能产业集聚新高地	11月6日	23版
70	新华日报	太仓浏河：追波逐浪， 当好枢纽门户城市桥头堡	11月27日	34版
71	新华日报	太仓浏河镇着力整治“三合一”场所安全隐患	12月9日	19版
72	中国青年报	长三角战“疫”朋友圈助力企业复工	2月27日	03版
73	中国青年报	江苏太仓多途径送法进校园	5月15日	03版
74	中国青年报	太仓：政协协商建言助力“长江大保护”	7月8日	03版
75	中国青年报	为落实长江大保护贡献“浏河力量”	7月29日	03版
76	人民日报 （海外版）	你好，2020年第一缕阳光	1月2日	03版

索引

说明

一、本索引采用主题分析法编制，大部分选用主题词。

二、本索引设“主题索引”“随文图片索引”和“表格索引”3个分目，内容按标题首字的汉语拼音字母（同音字按声调）顺序排列，音节、音调相同按总笔画数从少到多排列（笔画数相同按笔画顺序排列）。首字相同，则比较第二字，方法同前，依次类推。

三、主题词后的数字表示所在页码，数字后的字母a、b分别表示版面的第1栏、第2栏。类目标题用小标宋表示，分目标题用黑体表示，条目用宋体表示。

四、为便于读者检索，在太仓的企事业单位和在太仓发生的事件、活动名称，除易产生歧义的外，均省略“太仓市”“太仓”“浏河镇”“浏河”。

主题索引

D

F

G

H

S

T

Y

随文图片索引

A

B

C

D

R

S

T

W

X

Y

Z

表格索引

G

J

Q

S

T

Y

《浏河年鉴2021》审稿人、撰稿人名单

审稿人名单

马　梁	马　震	王　莉	王叶青	王祎能	王春花	叶友江	宁中华	朱　鹰
朱学锋	朱春智	朱菊明	朱雪红	朱耀初	刘　岩	刘传松	汤　健	孙　波
孙丽萍	严　挺	李　伟	李　峰	李　益	杨志刚	杨佳琪	吴卫国	吴陆晓东
何伟良	沈　良	沈　琪	沈祖宏	沈雁斌	张　健	张　毅	张卫东	张水兵
张成功	张俊国	陆　莺	陆建文	陆晓燕	陆健宏	陆智刚	陈　刚	陈　怡
陈　舒	陈文贤	陈宝国	陈海珠	邵立新	邵雪元	金　磊	周　晔	周　健
周忠兵	居远志	赵剑毅	胡英俊	胡静艺	姚惠秋	顾红彬	顾解龙	钱　宇
徐　斌	徐洪明	徐默涵	高东军	郭亚萍	席　林	唐　诚	唐正军	谈建国
黄　莉	黄展飞	龚建强	梁　夷	蒋晓芬	薛春明	戴寅盈		

撰稿人名单

丁　婧	丁左娇	王　建	王　爽	王　静	王　赢	王红锐	王林豪	王晓波
王毅涵	卢　萍	印　莺	冯燕萍	朱海平	朱雪刚	仲　娟	刘成林	刘佳芝
汤　健	孙　婷	孙煜炜	李　洁	李　峰	李　舒	李连峰	李晓华	李敏祎
杨宇杰	杨歆悦	吴治仁	何伟良	何诗怡	余玲俐	邹祁磷	沈　洁	沈诚俊
宋健平	张　娟	张佳丽	张峻梵	张铃铃	张赞忠	陆　玲	陆　挺	陆春芳
陆晓文	陈　萌	陈　敏	陈少华	陈丽英	陈剑锋	陈勤明	范居一	林岑晔
郁　毓	罗永清	季叶丹	金　曙	金　鑫	周　珺	郑　宇	赵春萍	欧阳玥琰
施　婷	施卫东	恽　城	费蕴春	姚　阳	姚惠秋	顾　伟	顾　英	顾　健
顾　健	顾　焱	顾艺琳	顾连君	顾晓丹	钱志伟	钱凯佳	倪天飞	徐　琴
徐　燕	徐孙杰	徐珠春	高明胜	黄燕青	梅志生	盛晓霏	彭　峰	谢　辉
谢建华	楼玉岚	裴学娟	谭轶舟	薛　沁	薛　静	鞠　浩		